선생님이 들려주는 분쟁 이야기 1

1판 1쇄 발행 2014년 6월 20일
1판 3쇄 발행 2016년 6월 3일
ⓒ 박신식, 2014

글 박신식 **그림** 조성덕 **펴낸이** 이영남 **편집** 온북onbook **디자인** 구화정page9
용지 상산페이퍼 **인쇄** 예림인쇄 **제본** 바다제책
출판등록 2013년 5월 16일(제2013-000150호)
주소 서울시 마포구 월드컵북로 400번지 문화콘텐츠센터 5층 창업보육센터 11호
전자우편 td4935@naver.com **전화** 02-338-4935 **팩스** 02-3153-1300

ISBN 978-89-97943-09-8 73900

이 책은 저작권법에 따라 보호받는 저작물이므로, 저작자와 출판사 양측의 허락 없이는
이 책의 일부 혹은 전체를 인용하거나 옮겨 실을 수 없습니다.

> 이 도서의 국립중앙도서관 출판시도서목록(CIP)은
> 서지정보유통지원시스템 홈페이지(http://seoji.nl.go.kr)와
> 국가자료공동목록시스템(http://www.nl.go.kr/kolisnet)에서
> 이용하실 수 있습니다.(CIP제어번호: CIP2014015343)

* 어린이제품 안전 특별법에 의한 제품 표시
제조자명 스마트주니어 **제조연월** 2016년 6월 **제조국** 대한민국 **사용연령** 7세 이상
주소 및 전화번호 서울시 마포구 월드컵북로 400 문화콘텐츠센터 5층 11호 02-338-4935

첫번째 이야기
한반도
아시아

선생님이 들려주는
분쟁 이야기 ①

글 박신식 · 그림 조성덕

생각하는책상

차례

추천사
평화를 꿈꾸고 만드는 'Peacemaker'가 되기를 …… 8

저자의 말
나와 우리나라의 평화를 위하여 …… 12

한반도의 화약고, NLL …… 14
> **더 알고 싶어요!** 한반도의 또 다른 화약고, DMZ …… 30

독도는 우리 땅 …… 30
> **더 알고 싶어요!** 한국과 일본이 가진 분쟁의 씨앗들 …… 48

동북공정을 막아라 50
- **더 알고 싶어요!** 국내·국외 분쟁이 많은 중국 66

'댜오위다오'와 '센카쿠' 70
- **더 알고 싶어요!** 한국, 중국, 일본의 방공 식별 구역 85

카슈미르의 종교 분쟁 88
- **더 알고 싶어요!** 종교 분쟁으로 상처 입은 스리랑카의 눈물 106

독립을 향한 티베트의 염원 108
- **더 알고 싶어요!** 중국의 화약고 신장웨이우얼 자치구 124

교과연계표 126

추천사

평화를 꿈꾸고 만드는 'Peacemaker'가 되기를

문용포 • 제주 곶자왈작은학교 대표교사

2013년 봄이었다. 개성공단 가동이 멈추었고, 그곳에서 일하던 사람들 모두가 남한으로 되돌아왔다.

곶자왈작은학교 아이들과 이 상황에 대해 이야기를 나누었다. 아이들은 남북한 지도자들을 도저히 이해할 수 없다고 했다. 은근히 이 상황을 즐기는 어른들도 보기 싫다고 했다. 왜 그랬을까? 아이들 생각은 간단하지만 틀림없는 것이었다. "전쟁은 안 돼요, 전쟁은 모든 것을 불태워요. 이젠 전쟁 대신 평화를 가꾸어요. 모두 함께 손잡아요." 아이들은 그런 마음으로 시를 쓰고, 손 팻말을 만들었다.

그 해 봄, 곶자왈작은학교 아이들은 비무장지대로 여행을 다녀왔다. 오두산통일전망대, 임진각, 고성통일전망대에서 아이들은 손에 잡힐 듯 북한의 모습을 살필 수 있었다. 남북 사이에 굳게 닫힌 철문을 보며 무척 안타까워했다. 혹시 휴전선 너머 북한 사람들이 들을 수 있을까 오카리나 연주도 했다. 철책에서 멈춘 증기기관차를 끌고 북쪽으로 넘어가는 퍼포먼스도 했다. 그렇게 아이들은 남북 사이의 평화와 통일을 빌고 또 빌었다. "내가 어른이 되면 굳게 닫힌 철문이 진짜 활짝 열리면 좋겠다. 그래서 서로 한라산과 백두산 마음대로 오가고, 같이 손잡고 놀면 좋겠다. 걱정 없고 평화로운 세상이 되면 좋겠다."

곶자왈작은학교 2007년부터 '아시아 미래세대 어깨동무 프로젝트'를 진행하고 있다. 이 프로젝트는 아시아 분쟁지역의 어린이들이 놀고 쉬며 춤을 추고 책을 읽을 수 있는 평화도서관을 짓는데 힘을 보태는 일이다. 아시아 분쟁지역을 여행하면서 그 곳 어린이들과 함께 어울리며 아픔을 나누고 희망을 나누는 일이다. 해마다 한, 두 차례 어린이평화장터를 열어 지금껏 거의 2500만원을 모았고, 이 기금을 티베트, 바그다드, 아체, 동티모르, 민다나오, 다람살라, 미얀마, 베트남 등에 보냈다.

곶자왈작은학교 아이들은 전쟁이 없는 평화로운 세상을 꿈꾸고

있다. 평화로운 세상을 위해 미래세대가 할 수 있는 일을 찾는다. 책을 읽고, 영상을 보고, 이야기를 듣고, 직접 현장을 찾고 있다. 그래서 이 책 「선생님이 들려주는 분쟁이야기 1」의 출간이 더욱 반갑고 기쁘다. 아이들이 이 책을 보며 분쟁을 더 깊이 이해하고, 평화의 소중함을 더 깊이 깨달을 수 있을 거라 여겨지기 때문이다. "이제 우리는 다양한 분쟁의 원인과 진행 과정에 대해 관심을 갖고, 분쟁을 이해하기 위해 노력하며, 분쟁의 해결 방법을 모색하는 힘을 길러야 합니다." 저자의 말처럼 한국의 어린이들이 이 책을 읽고 남북의 평화와 통일, 세계의 평화를 꿈꾸고 만드는 'peacemaker'가 되기를 바란다.

저자의 말

나와 우리나라의 평화를 위하여

우리가 살고 있는 한반도는 세계에서 가장 위험한 분쟁 지역 중 하나입니다. 하지만 우리는 그러한 사실을 심각하게 생각하지 않고 살아갑니다. 우리가 겪고 있는 분쟁이라고 하면 대부분 북한을 떠올리겠지만, 독도와 관련된 일본과의 분쟁, 고려사를 두고 벌어지는 중국과의 분쟁 등 아직 해결되지 않은 분쟁이 많이 있습니다.

우리는 사람과 사람 사이의 분쟁에도 관심을 가져야 하지만, 이제 나라와 나라 사이의 분쟁에도 관심을 기울여야 합니다. 멀리 떨어져 있는 나라의 분쟁이라도 우리나라에 영향을 미칠 수 있고, 그 영향은 우리에게 돌아오기 때문입니다. 결국 세계의 평화와 우리나라의 평화가 곧 나의 평화가 된다는 사실을 기억해야 합니다.

이제 우리는 다양한 분쟁의 원인과 진행 과정에 대해 관심을 갖

고, 분쟁을 이해하기 위해 노력하며, 분쟁의 해결 방법을 모색하는 힘을 길러야 합니다. 우리의 힘으로 국가 간의 분쟁을 해결할 수는 없겠지만, 고민하고 생각하는 과정에서 자기 자신과 관련된 분쟁을 해결할 수 있는 힘을 기를 수 있게 될 것입니다.

북한과 남한의 분쟁

한반도의 화약고, NLL

"자꾸 내 책상 쪽으로 넘어올래?"

"네가 먼저 넘어왔잖아!"

책상 위의 물건을 가지고 옥신각신하던 명호와 성희가 서로 눈을 흘겼다. 그리고 누가 먼저랄 것도 없이 각자의 책상을 들어 사이를 멀찌감치 벌려 놓았다.

그 모습을 물끄러미 바라보고 있던 선생님이 이맛살을 찌푸리며 말했다.

"명호와 성희는 모둠 줄을 좀 맞춰 줬으면 좋겠구나."

명호와 성희는 마지못해 책상을 다시 붙였지만, 의자는 여전히 바깥쪽으로 잔뜩 빼서 둘 사이의 거리를 최대한 벌려 앉았다.

선생님은 어이없다는 듯 고개를 절레절레 흔들었다.

다음은 과학 수업 시간. 과학실에서는 한 책상에 네 명씩 앉는데, 명호와 성희는 여기서도 나란히 앉았다. 명호는 자리에 앉자마자 자를 대고 책상에 금부터 그었다.

"여기 넘어오면 다 내 거야!"

명호가 성희에게 입을 비쭉 내밀며 말했다.

"야, 이렇게 네 맘대로 선을 그으면 어떡해? 내 자리가 너무 좁잖아."

성희가 지지 않겠다는 듯 명호가 그은 선 옆에 또 다른 선을 그었다. 그 모습을 지켜보던 아이들은 어이가 없다는 듯 웃음을 터뜨렸다.

명호와 성희는 상대방이 그은 선을 지우고 다시 긋느라 한참 동안 법석을 피웠다. 선생님이 뒤에 서 있는 줄도 모르고…….

"너희들, 언제까지 이럴 거니? 이제 그만 해."

선생님이 낮은 목소리로 꾸짖었다. 명호와 성희의 얼굴이 발갛게 달아올랐다.

"너희들 하는 짓이 마치 서로 자기가 만든 경계선이 옳다고 주장하는 남한과 북한의 모습 같구나."

"선생님, 혹시 휴전선 말씀하시는 거예요?"

명호가 묻자 선생님이 고개를 저었다.

"그럼 휴전선 말고 남한과 북한의 경계선이 또 있어요?"

성희의 질문에 선생님이 고개를 끄덕이며 말했다.

"휴전선은 육지 위의 경계선을 말하는 것이고, 바다 위에도 휴전선 같은 경계선이 있단다. 이 경계선을 북방한계선이라고 부르지.

NLL Northern Limit Line이라고도 하고."

아이들은 호기심에 가득 찬 표정으로 선생님의 이야기에 귀를 기울였다. 선생님은 교탁을 향해 천천히 걸어가며 이야기를 시작했다.

바다 위의 경계선

NLL에 대해서 이야기하자면 1945년으로 거슬러 올라가야겠구나. 1945년 8월 15일이 무슨 날인지는 모두 알고 있지? 그래, 우리나라가 일제강점기에서 벗어나 독립을 한 날이야. 국민 모두가 "대한독립만세!"를 외치며 기뻐했지. 하지만 기쁨은 잠시뿐이었어. 당시 2차 세계 대전을 승리로 이끈 미국과 소련은 38도선을 경계로 남쪽에는 미군을, 북쪽에는 소련군을 주둔시켜 군정*을 실시했어. 결국 우리나라는 둘로 나누어지게 되었지. 게다가 미국과 소련은 우리나라를 신탁통치*하려고 했어. 36년 동안이나 일본의 지배를 받았는데, 또 다시 다른

군정
군대가 임시로 나라를 다스리는 것.

신탁통치
국제연합(UN)으로부터 신탁을 위임 받은 나라가 일정한 지역을 통치하는 일.

나라의 지배를 받는 것은 받아들일 수 없었지. 하지만 우리나라는 미국과 소련의 군정을 막을 힘이 없었어. 그리고 군정이 끝난 후에도 통일을 하지 못했지. 남한과 북한이 서로 다른 체제의 정부를 세웠거든. 게다가 1950년 6월 25일에는 북한의 침략으로 한국전쟁이 일어났어. 3년 동안 서로 죽고 죽이는 끔찍한 전쟁이 계속되다가 결국 남한과 북한은 전쟁을 중지하자는 정전협정을 하게 됐지. 지금의 군사분계선MDL*과 비무장지대DMZ*는 그때 만들어진 거란다.

그런데 땅 위에는 선을 긋고 철책을 세워 서로 넘어오지 못하게 할 수 있지만, 바다는 그렇지 못하잖아. 그래서 당시에는 바다의 경계선을 어떻게 정할지 결정하지 못했어.

그러던 중 유엔UN군*의 클라크M.W.Clark 사령관은 유엔군이 점령한 서해안의 다섯 개 섬우도, 연평도, 소청도, 대청도, 백령도 북단과 북한이 점령한 옹진반도 사이에 중간선을 긋고 이를 경계선으로 정했어. 바

군사분계선(MDL; Military Demarcation Line)
교전국 사이에 휴전이나 정전이 제의되었을 경우 그어지는 군사 행동의 경계선.

비무장지대(DMZ; Demilitarized Zone)
군사분계선을 기준으로 북으로 2km에 북방한계선, 남으로 2km에 남방한계선을 설정하여 생긴 4km의 폭에 군사 시설이나 인원을 배치하지 않은 지대.

▲ 비무장지대에서 발견된 남침용 땅굴

로 이 선이 서해의 북방한계선인 NLL이야.

NLL은 사실 남한보다는 북한을 보호하기 위한 것이라고 할 수 있어. 당시 바다는 유엔군이 절대적으로 우세여서 거의 모든 곳을 점령하고 있었거든. 그래서 유엔군 함정이라도 함부로 NLL을 넘어가지 않도록 하기 위해 국제법을 기준으로 스

유엔군
국제연합(UN;United Nations)이 평화를 유지하기 위해 각국의 정부가 자발적으로 파병한 병사. 국제연합평화유지군이라고도 함.

한반도의 화약고, NLL | 19

스로 경계선을 정한 거야.

동해에는 섬이 없기 때문에 지상에 있는 군사분계선을 동쪽으로 연장하는 선으로 북한과의 경계선을 정했지.

그래서 서해의 북방한계선인 NLL은 비무장지대에 있는 북측의 북방한계선과는 성질이 달라. 정확하게 말하자면 바다 위에 있는 남한과 북한의 경계선이라고 할 수 있지. 1959년에 발간된 북한 조선중앙연감 지도에도 NLL이 군사분계선으로 표기되어 있단다.

그 후 남한과 북한은 20여 년 동안 별 문제없이 서해의 북방한계선 NLL을 잘 지켜왔어.

끝나지 않은 전쟁

그런데 1973년부터 북한이 함정을 보내 NLL을 넘나들며 북방한계선을 문제 삼기 시작했단다. 갈등의 시작이었지.

남한은 자꾸 NLL을 넘어오는 북한에게 휴전 협정과 국제법을 무시하는 행동을 하지 말라고 경고했어. 하지만 북한은 자기네 바다에 갔을 뿐이라며 남한의 경고를 무시했지.

NLL은 서로의 영토 중간에 그은 실질적인 해상 군사분계선이야.

북한도 지난 수십 년 동안 문제 삼지 않았다는 것은 그동안 NLL을 인정해 왔다고 볼 수 있는 거지. 게다가 수십 년 동안 NLL 아래 지역을 남한이 관리해 왔기 때문에 실질적인 지배 효력이 있는 거야.

1984년, 북한에 수해 복구를 위한 지원 물품을 보낼 때도 NLL에서 전해줬어. 결정적으로 1992년에 체결된 남북기본합의서*에는 NLL을 인정하는 문구가 포함되어 있지. 지금도 우리나라 어부들은 NLL을 기준으로 고기를 잡고, 해주로 가는 북한 배들 역시 NLL 위로 항로를 잡는단다. NLL의 정당성은 의심할 여지가 없는 거지.

그런데 북한은 NLL을 공식적으로 인정하거나 합의해 준 적이 없다고 주장하고 있어. NLL은 유엔군 클라크 사령관이 일방적으로 정했다는 거야. 북한 지도에 NLL을 그린 것은 인쇄 실수이고, NLL은 영토선이 아니라고 말하고 있어.

바다 위의 북방한계선은 지상의 군사분계선과 개념상으로나 법적으로 의미가 다르기 때문에 국제법상으로도 NLL이 영해를 나타내는 경계선이 아니라며 남한의 실질적인 지배 효력을 인정하지 않고 있어. 지금까지 잘 지켜오던 NLL을 이제 와

> **남북기본합의서**
> 1991년 12월 13일 서울에서 열린 제5차 고위급회담에서 남북한이 화해 및 불가침, 교류 협력 등에 관해 공동 합의한 기본 문서.

서 인정할 수 없다는 거지.

  1973년 이후 남한과 북한은 NLL 문제 때문에 심각한 갈등을 빚어 왔어. 그런데 1999년에 이르러 결국 큰 사건이 터졌단다.

  1999년 6월 15일, 북한 경비정들이 옹진반도 남단에서 꽃게잡이를 하던 북한 어선들을 보호한다는 명목으로 NLL을 넘어온 거야. 남한은 함정을 보내 NLL을 넘어온 북한 함정들을 밀어내려고 했지.

그런데 갑자기 북한 함정의 기관포 공격이 시작되었어. 순식간에 전쟁이 일어난 거야. 전쟁은 14분 동안 계속되었단다. 어떻게 보면 짧은 시간이라고 할 수도 있지만, 이 과정에서 북한 함정 한 척이 침몰했고, 여러 척이 파손되었으며, 20여 명이 죽었어. 남한의 함정도 두 척이 손상됐고 장병 아홉 명이 부상을 입었지. 이 끔찍한 사건이 바로 제1차 연평해전이야.

▲ NLL과 북한이 주장하는 해상 군사분계선

　그 후에도 북한은 계속 NLL을 인정하지 않고, 자기들만의 해상 군사분계선을 주장했어. NLL은 잘못된 것이고, 서해의 다섯 개 섬 주변은 북한의 연해이기 때문에 이 수역을 항해하려면 북한의 사전 승인을 받아야 한다는 거야.

　지도를 보면 북한이 주장하는 해상 군사분계선이 어디쯤인지 알 수 있을 거야. 그때부터 북한은 기존 NLL을 무효로 만들기 위해 적극적으로 나서기 시작했어. 남한 역시 기존 NLL만이 실질적인 해상 군사분계선이라며, 북한군의 침범을 용납할 수 없다고 맞섰어.

결국 제1차 연평해전이 벌어진 지 3년 만에 같은 지역에서 다시 전쟁이 일어나고 말았어. 당시 남한은 한일 월드컵 축구 경기로 온 국민이 들떠 있던 시기였지.

2002년 6월 29일 오전 10시 25분, 북한 함정 두 척이 연평도 서쪽에서 NLL을 침범했어. 남한 함정은 교전 규칙에 따라 북한 함정에게 NLL 위로 올라가라고 경고 방송을 했지. 그런데 북한 함정이 갑자기 함포 사격을 시작했어. 남한 함정도 대응 사격을 했지만 북한 함정은 처음부터 작정을 하고 온 거라서 역부족이었단다. 25분 만에 전쟁은 끝났지만, 남한 측 장병 여섯 명이 사망하고 열여덟 명이 부상을 당했어. 이게 바로 제2차 연평해전이란다.

그 후에도 NLL로 인해 남한과 북한 사이에는 많은 사건이 일어났어. 2009년에는 서해교전이 터졌고, 2010년 3월 26일에는 북한 잠수정의 공격으로 천안함이 침몰해 장병 46명이 전사한 일도 있었어. 같은 해 11월 23일에는 북한이 연평도를 포격해서 해병 두 명이 죽고, 열여섯 명이 다쳤으며 민간인도 열 명이나 부상을 당했지. NLL은 언제 또 터질지 모르는 한반도의 화약고란다.

통일을 향해

"그런 일이 있어서는 절대 안 되겠지만, 혹시라도 남한과 북한이 전쟁을 하게 되면 엄청나게 많은 사람이 죽게 될 뿐만 아니라 상상할 수 없을 정도의 경제적 손실이 발생할 거야."

선생님이 아이들의 얼굴을 하나하나 돌아보며 말했다.

"그런데 북한은 왜 우리나라 영해를 자꾸 침범하는 거예요? 그러면 안 되잖아요."

명호가 고개를 갸웃거리며 물었다.

"맞아. 그런데 NLL을 이야기할 때 영해*라는 말은 신중하게 사용해야 한단다. 우리가 영해를 주장하면 북한도 영해를 주장할 수 있기 때문이지. 북한이 12해리 영해를 주장하면 백령도를 포함한 서해 5도가 북한 영해 내에 있게 되는 거야. 쉽게 말해서 영해로 따지자면 북한이 유리하다는 거야."

"너무 어려워요. 그러면 앞으로도 연평해전 같은 전쟁이 계속 일어나서 사람들이 또 죽을 수도 있다는 건가요?"

성희가 걱정스러운 목소리로 물었다. 선생님은 고개를 끄덕이며 천천히 대답했다.

영해
한 나라의 주권이 미치는 해양 지역으로서 1982년 유엔해양법회의에서 채택한 국제해양법조약에 12해리로 정의되었다.

▲ 북방한계선(NLL) 및 공동어로수역 남북 입장차

"서로의 희생을 줄이기 위해서라도 NLL 문제는 반드시 해결되어야 해. 하지만 가장 중요한 것은 힘이 아닌 평화로운 방법으로 해결되어야 한다는 점이지."

"어떻게 하면 평화적으로 해결할 수 있을까요?"

명호가 물었다.

"많은 사람들이 다양한 방법을 내놓고 있어. 예를 들어, 북한이

NLL을 인정한 후 '서해 공동어로구역'을 만들어 남북한 어부들이 함께 고기를 잡고, '서해 평화협력지대'를 만들어 경제 협력을 하자는 의견도 있었단다."

"그렇게 되면 어민들도 참 좋아할 것 같아요. 남한과 북한의 관계도 좋아져서 평화가 유지될 수 있고요."

"하지만 북한에게만 너무 유리한 방법 아닌가요?"

여기저기서 아이들의 목소리가 쏟아져 나왔다.

"그래. 남한과 북한의 입장 차이가 커서 양쪽이 동시에 만족하는 해결 방법은 아직 나오지 않았단다. 서해 공동어로구역 역시 남한은 기존 NLL을 기준으로 했지만, 북한은 NLL 아래 지역을 기준으로 요구하고 있기 때문에 쉽게 도입하기 어려운 상황이야."

"정말 어려운 문제구나."

"그러게."

여기저기서 아이들이 웅성거리기 시작했다.

"가장 확실한 방법은 통일이라고 할 수 있지. 통일만 된다면 NLL이라는 문제 자체가 없어지지 않겠니?"

선생님이 명호와 성희를 번갈아 보며 힘을 주어 말했다. 명호와 성희는 선생님의 말에 멋쩍게 웃었다.

"성희야, 미안해. 내가 너무 속이 좁았어."

"아냐, 명호야. 내가 잘못했어."

명호와 성희는 서로 악수하며 화해를 했다.

선생님은 그런 명호와 성희의 모습을 보고 환하게 미소지으며 말했다.

"남한과 북한도 너희들처럼 쉽고 기분좋게 화해할 수 있다면 얼마나 좋을까?"

"선생님, 우리도 화해했으니까 남한과 북한도 언젠가는 꼭 화해할 거예요."

"네, 맞아요."

명호와 성희의 말에 선생님과 아이들 모두 웃음꽃을 피웠다.

한반도의 또 다른 화약고, DMZ

국제적으로 보면 남한과 북한은 아직도 분쟁 지역에 속해. 1950년에 일어난 전쟁이 아직 끝나지 않은 거지. 그것은 1953년 7월 27일에 한국 전쟁의 끝을 알리는 정전협정이라는 이름에서도 알 수 있어. 정전협정이란 잠시 전쟁을 중단한다는 의미니까 말이야. 그래서 지금의 군사분계선을 '국경선'이라고 부르지 않고 '휴전선'이라고 부르고 있는 거야.

남한과 북한의 분쟁 위험은 바다에만 있는 것이 아니라 육지에도 도사리고 있어. 그곳이 바로 '비무장지대(DMZ, Demilitarized zone)'야. 비무장지대란 휴전에 따른 군사적인 충돌을 예방하기 위해 둘 사이에 일정한 간격을 유지한 지역을 말해.

남한과 북한이 정한 DMZ는 서해안의 임진강 하구에서 시작해 동해안의 강원도 고성에 이르는 248km의 군사분계선(휴전선)을 기준으로 북으로 2km에 북방한계선, 남으로 2km에 남방한계선을 설정하여 남북 4km의 폭을 정했지.

비무장지대 안에는 군대를 주둔시키거나 무기를 배치할 수 없도록 했어. 비무장지대 안에는 각각 북측 비무장지대에 북한 GP(Guard Post, 군대가 주둔할 때, 적을 경계하기 위하여 가장 앞쪽에 배치한 초소), 남측 비무장지

대에 남한 GP가 설치되어 있어. 북한 GP로부터 불과 580m 떨어진 곳도 있지.

  그런데 비무장지대를 정해 놓았다고 해서 안전한 것은 아니야. 항상 군사 충돌의 위험성이 있기 때문에 군사분계선 남쪽으로 5~20km 구간에 별도의 민간인 통제선을 정해 놓고 아무나 들어갈 수 없도록 통제하고 있지.

  비무장지대는 한반도 면적의 1/250이나 되는 넓은 지역이야. 하지만 사람의 모습을 거의 찾아볼 수 없지. 그런데 아이러니하게도 사람들이 들어가지 않은 덕분에 멸종 위기에 놓인 동식물이 많이 살게 되었어. 그래서 비무장지대를 '생명의 땅'이라고도 부른단다.

  그렇다면 비무장지대는 앞으로 어떻게 될까? NLL에 '서해 공동어로구역'을 만들자는 의견처럼 DMZ에도 '평화구역'을 만들어 통일을 준비하자는 의견도 있지. 하지만 무엇보다 먼저 평화통일을 이루고자 하는 서로의 마음이 통해야 하지 않을까?

대한민국과 일본의 분쟁

독도는 우리 땅

 명호와 명철이가 장난감 자동차를 놓고 서로 실랑이를 벌이고 있었다.

 "이건 내 거야."

 "이게 왜 네 거야? 내가 선물 받은 건데."

 "아냐, 아냐. 내 거란 말야!"

 화가 난 명호가 억지로 뺐으려고 했지만, 명철이는 장난감 자동차를 고집스럽게 쥐고 놓지 않았다.

 "무슨 일인데 이렇게 시끄럽니?"

 설거지를 하던 엄마가 다가와서 물었다.

 "명철이가 자꾸 내 장난감 자동차를 자기 거라고 우기잖아요."

명호가 짜증 섞인 목소리로 대답하자 엄마는 명호의 머리를 쓰다듬으며 말했다.

"명호야, 동생이 좀 갖고 놀면 안 되겠니? 명철이는 아직 유치원에 다니고, 너는 초등학교에 다니는 형이잖아."

"엄마는 항상 명철이 편만 들더라."

명호는 입을 삐죽거렸지만 결국 명철이에게 장난감 자동차를 양보했다.

며칠 후, 이번에는 장난감 총을 두고 명호와 명철이가 티격태격 다투며 집안을 소란스럽게 했다.

"이번에는 또 무슨 일이니?"

엄마가 둘 앞에 섰다.

"명철이가 제 장난감 총을 자기 거라고 우기잖아요."

명호가 이번에는 절대 양보하지 않겠다는 듯 목소리를 높였다.

"여기 분명히 제 이름도 있거든요."

명호는 장난감 총에 희미하게 남아 있는 자기 이름을 보여 주며 말했다.

"이름은 잘 보이지도 않잖아. 이 총은 내가 어제도 갖고 놀았단 말이야. 그러니까 내 거야."

명철이 역시 고집을 피우며 말했다.

"명호야, 명철이가 아직 어려서 그런 거야. 소유에 대한 개념이 없어서 남의 물건을 자기 거라고 우기는 거란다."

엄마는 화가 나서 씩씩거리는 명호의 머리를 쓰다듬으며 말했다. 그리고 울먹거리는 명철이의 손을 꼭 잡았다.

"명철아, 이건 형 거야. 네가 자기 거라고 고집을 피우는 모습이 꼭 독도를 자기 땅이라고 우기는 일본 같구나."

엄마의 말에 명철이가 울음을 삼키고 명호를 쳐다보았다. 엄마는 명호와 명철이 앞에 지도를 펴 놓고 이야기를 시작했다.

동쪽 끝 외로운 섬, 독도

독도는 우리나라에서 가장 동쪽에 있는 작은 섬이야. 울릉도에서 배를 타고 동남쪽으로 한참 가다 보면 나오지. 정확한 주소는 경상북도 울릉군 울릉읍 독도리 독도이사부길동도과 독도안용복길서도이란다.

독도는 동도와 서도라고 불리는 두 개의 큰 섬과 89개의 작은 섬으로 이루어져 있어. 총 91개의 크고 작은 섬을 다 합쳐서 독도라고 부르는 거지. 독도는 동해의 깊은 바닷속에서 여러 차례 솟구친 용암이 오랫동안 굳어서 생겨난 화산섬이란다.

독도는 누가 뭐라고 해도 우리나라 땅이야. 지리적, 역사적으로도 그렇고, 국제법상으로도 확실하지.

먼저 지리적으로 살펴볼까? 독도는 맑은 날이면 울릉도에서도 보이는 섬이란다. 독도와 울릉도 사이의 거리는 87.4km야. 일본의 오키사마와 독도와의 거리는 157.5km로 독도와 울릉도 사이의 거리보다 2배나 멀지. 독도와 울릉도가 그 정도로 가깝다는 것은 지리적으로 매우 중요한 의미가 있단다. 국경 개념이 명확하지 않았던 고대 사회에서는 '보이는 곳'까지가 삶의 터전이었거든.

역사적으로 보면, 울릉도와 독도는 512년 신라가 점령한 우산국의 영토였어. 조선시대에는 강원도 울진현에 속했지. 이러한 사실은 『세종실록지리지』1454년, 『신증동국여지승람』1531년, 『동국문헌비고』1770년, 『만기요람』1808년, 『증보문헌비고』1908년 등에 잘 나타나 있어.

그런데 이렇게 분명한 증거가 있음에도 불구하고 일본이 독도를 자기 영토라고 주장하는 이유는 뭘까? 그만큼 독도가 중요한 곳이라는 뜻이겠지?

지도를 살펴보면, 일본이 독도를 차지했을 때 '배타적 경제수역 200해리*'라는 유엔 신해양법에 따라 동해의 대부분이 일본 영해가 된단다. 국가의 해상을 표시할 때 육지를 기준으로 370km 떨어진 바다까지 영역으로 결정되기 때문이지. 그렇게 되면 동해를 지나가는 모든 배들이 일본의 허락을 받아야 하는 거야. 게다가 독도는 주변 국가를 감시할 수 있는 위치에 있어서 군사적으로도 그 중요성이 매우 크지.

또, 독도는 자원이 풍부한 곳이야. 독도 주변의 바다에는 아주 오랫동안 사용할 수 있는 차세대 에너지 자원인 천연가스 하이드레이트가 매장되어 있어. 뿐만 아니라 한류와 난류가 교차되는 지점이라 수산물도 아주 풍부해.

영해 확장, 해상 교통, 군사적 입지 확

> **배타적 경제수역 200해리**
> 해양법에 관한 국제연합협약에 근거하여 설정된 수역으로, 자국의 연안으로부터 200해리(약 370km)의 범위에 있는 생물자원의 탐사와 개발에 관한 권리를 가짐. 대신 자원의 관리나 해양오염 방지 의무가 있음.

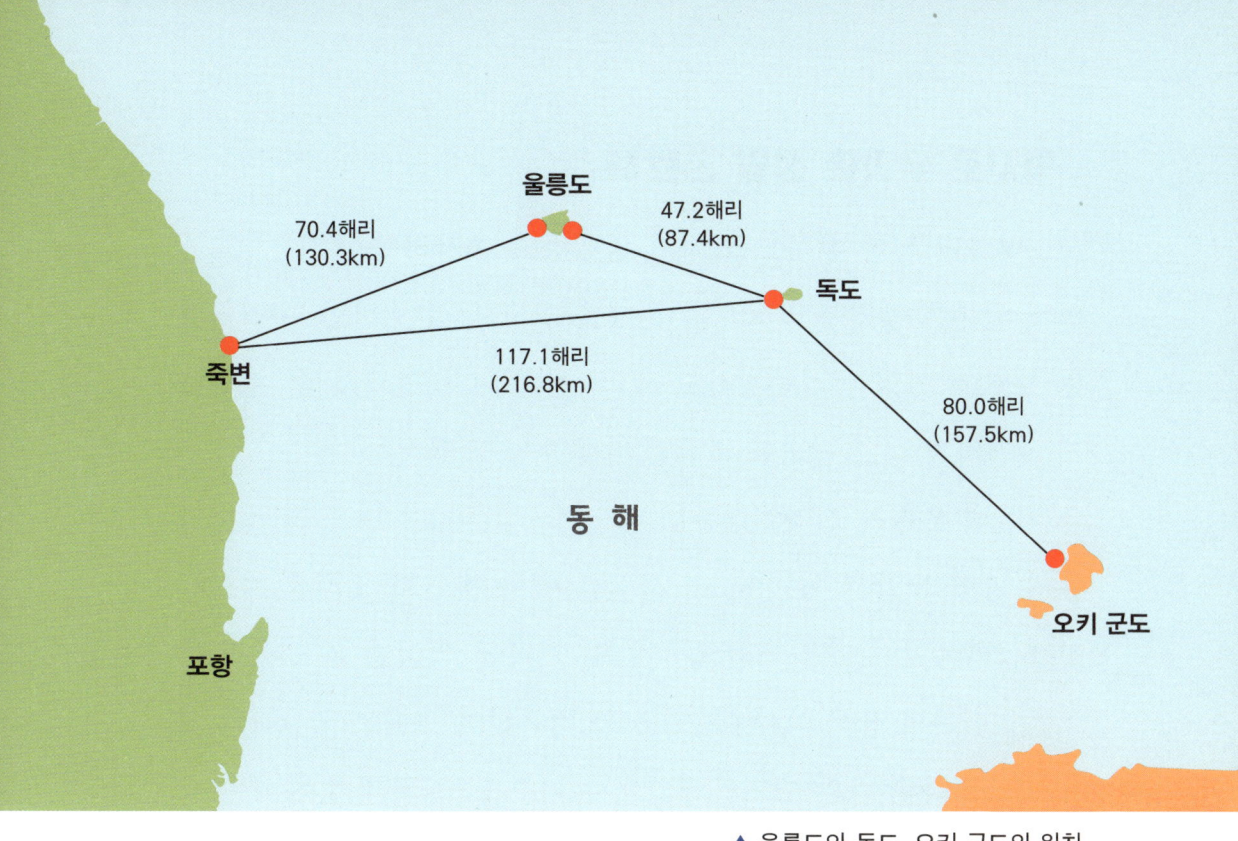

▲ 울릉도와 독도, 오키 군도의 위치

보, 수산자원과 지하자원의 중요성 때문에 일본은 독도가 우리나라 땅인 줄 알면서도 못 먹는 감 찔러보듯 자꾸 문제를 일으키려는 거야. 독도를 분쟁 지역으로 만들어서 세계적으로 알리려는 거지. 그래야 국제사법재판소*에 소송을 걸 수 있거든.

국제사법재판소
국제적 법률 분쟁의 해결을 위해 설치된 국제연합의 상설 재판소. 본부는 네덜란드 헤이그에 있음.

억지로 우기면 정말 곤란해

그렇다면 일본이 독도를 자기 땅이라고 주장하는 근거는 뭘까? 먼저 일본은 옛날부터 독도의 존재를 알고 있었던 반면, 우리나라는 모르고 있었다고 주장하고 있어. 언제부터라는 시기는 정확하게 얘기하지 않고 단순한 주장만 되풀이 하고 있지.

그런데 우리는 신라시대부터 지금까지 1,500여 년 동안 독도가 우리 땅임을 알고 있었어. 그 사실은 옛날 문헌과 오래된 지도에 잘 나타나 있지. 특히 『삼국사기』의 기록에 의하면 지증왕 13년 512년에 신라의 장군 이사부가 독도를 정복하여 그때부터 신라의 영토가 되었다고 나와 있거든. 『고려사』와 『세종실록지리지』에는 맑은 날이면 울릉도에서 독도를 볼 수 있다는 기록도 찾아볼 수 있고 『동국여지승람』이라는 지도에도 독도가 분명히 그려져 있어.

일본은 울릉도가 우리나라 땅이라는 것을 분명히 인정하고 있는데, 그 울릉도에서 뻔히 보이는 섬을 우리가 인식하지 못하고 있었을 거라고 주장하는 건 앞뒤가 맞질 않아. 일본 땅에서는 보이지도 않는 섬인데 말이지. 문헌상의 증거로 봤을 때도 우리가 역사적으로 더 먼저 인식하고 있었다는 것은 변할 수 없는 사실이야.

일본이 주장하는 또 하나의 근거는 17세기에 일본이 독도의 영유권을 확립했다는 거야. 도대체 그 시기에 무슨 일이 있었길래 그런 주장을 하는 걸까?

독도 근처에는 수산물이 많기 때문에 당시 일본에 사는 어부들도 독도 근방에 고기를 잡으러 많이 왔었어. 그리고 울릉도에 갈 때 독도에서 잠시 머무르기도 했지. 단지 그런 이유로 독도의 영유권을 주장하는 거야.

사실 17세기 말 일본은 울릉도를 우리나라 영토로 인정하고, 일본 어부들이 울릉도에 가는 것을 금지했거든. 그런데 일본은 그때 독도에 가지 말라는 말은 따로 없었다며 독도에 대한 영유권을 주장하고 있지. 그러면서 우리나라의 문헌과 지도에 나와 있는 독도에 대한 기록은 그 명칭과 지도상에 표기된 위치가 불명확하므로 인정할 수 없다고 억지를 부리는 거야. 독도가 울릉도에 속해 있는 섬이 아니라 따로 떨어진 작은 섬이라고 꼬투리를 잡고 있단다.

그런데 1877년에 작성된 일본 내각총리실 문서에는 일본 시마네현에서 울릉도와 독도를 포함하여 지도를 만들려고 했을 때 일본 정부가 직접 울릉도와 독도는 일본과 무관하다는 답변을 한 기록이 남아 있어. 또, 1883년에 일본에서 만든 '대일본국전도'에도 독도는 포함되어 있지 않지.

이런 사실만 보더라도 과거의 일본 사람들은 분명 독도를 울릉도에 속해 있는 섬으로 여기고 있었음을 알 수 있어. 그래서 당시에는 독도를 언급할 필요가 없었던 거지. 그런데 지금에 와서 난데없이 독도의 영유권을 주장하는 것은 억지라고 할 수 있겠지?

자, 이제 안용복이라는 분에 대해서 알아볼까? 안용복은 조선 후기에 살았던 어부이자 민간 외교가였어. 그는 어느 날 울릉도에 고기잡이를 갔다가 일본 어선을 발견했지. 그는 당장 일본으로 건너가 잘못을 캐묻고 일본의 사과를 받은 후 돌아왔어. 그 후 일본은 울릉도를 조선의 땅으로 확실하게 인정했고, 울릉도와 관련된 영토 분쟁은 없어졌지.

그런데 일본은 안용복의 이와 같은 활동조차 인정하지 않으려고 해. 『순종실록』, 『승정원일기』, 『동국문헌비고』와 같은 우리나라의 문헌뿐만 아니라 『죽도기사』, 『죽도도해유래기발서공』, 『인부연표』, 『죽도고』 등의 일본 문헌에도 기록되어 있는데 말이지. 자기 나라의 기록조차 부정하는 주장을 과연 받아줘야 하는 걸까?

또, 일본은 1905년부터 독도가 확실한 일본 영토였다고 주장하고 있어. 러일전쟁* 중에 독도를 일본 땅으로 편입했다는 얘기지. 하지만 일본은 그 후 독도뿐만 아니라 우리나라 전체를 강제로 점령했어. 게다가 태평양전쟁*까지 일으켜서 중국과 동남아시아의 많은 땅을 강제로 점령했지. 그런 과정 중에 점령한 땅을 자기 땅이라고 우기는 것은 전쟁을 일으켜 이웃 나라들을 불행하게 만든 과거를 반성하지 않는다는 의미로 볼 수 있겠지?

> **러일전쟁**
> 1904년에 한반도와 만주에 대한 지배권을 둘러싸고 러시아와 일본 사이에 일어난 전쟁으로 일본이 승리함.
>
> **태평양전쟁**
> 1941년부터 1945년까지 일본과 연합국 사이에 벌어진 전쟁. 제2차 세계 대전의 일부로서, 일본의 진주만 기습으로 시작되어 일본의 무조건 항복으로 끝남.

1945년 광복 직후 연합국은 '1894년 1월 1일 이후 일본이 편입한 모든 영토를 원주인에게 돌려주어야 한다.'라고 결정했어. 이어서 1946년 1월에는 제주도, 울릉도, 독도는 한국 영토이므로 한국에 반환해야 한다고 선포했지. 그리고 1951년 샌프란시스코 강화 조약에 일본이 제출한 '일본영역도'에도 분명히 독도는 빠져 있었어.

그런데 지금에 와서 독도를 전쟁으로 인해 일본에게 빼앗긴 땅이라고 인정한다면, 일본은 동남아시아의 많은 섬들 역시 자기 땅이라고 주장할 수 있게 되는 거야. 그래서 독도 문제는 우리나라만의 문제가 아니라 동남아시아의 문제가 될 수도 있는 거지.

지금도 일본은 우리나라가 독도를 불법으로 점거하고 있다고 주장하며 독도 영유권에 관한 문제를 국제사법재판소에 회부할 것을 제안하고 있어. 하지만 우리나라는 이에 응하지 않고 있지. 내 것이 당연한데 법정까지 가서 내 것이라고 주장할 필요는 없으니까 말이야.

일본은 조어도* 문제로 중국과도 영토 분쟁을 벌이고 있는데, 이 조어도 문제를 국제사법재판소에 회부하려는 움직임은 전혀 없단다. 왜냐하면 그곳은 자기들이 점유하고 있거든. 조어도는 자기들이 이미 차지하고 있으니까 법정에 갈 필요도 없이 자기네 땅이고, 독도는 우리나라가 차지하고 있으니 법정에서 시비를 가려야 한다고 주장하는 거야. 정말 이기적이고 이중적인 잣대라고 할 수 있겠지?

> **조어도**
> 타이완 북동쪽에서 185km, 일본 오키나와 서쪽에서 420km 떨어진 동중국해 남쪽에 있는 무인도로, 5개의 바위섬과 3개의 암초로 이루어져 있음.

독도를 지키는 방법

"그런데 일본은 왜 억지 주장을 굽히지 않는 거죠? 무슨 꿍꿍이가 있는 건가요?"

명호가 얼굴을 잔뜩 찌푸리며 물었다.

"지금 당장 독도를 가질 수 없으니까, 먼 미래에는 상황이 달라지길 바라는 거겠지."

엄마는 명호의 머리를 쓰다듬으며 말을 이었다.

"일본은 지금 일본 학생들에게 독도는 일본 땅이라고 가르치고 있어. 한국이 독도를 불법적으로 점령하고 있다는 거짓 정보를 당당하게 가르치고 있는 거지. 그런데 20년 후 그 학생들이 어른이 되면 어떻게 되겠니? 학교에서 자기네 땅이라고 교육 받은 학생들은 자라서도 당연히 독도를 일본 땅으로 여기게 될 거야. 그리고 오히려 우리나라를 이상한 눈으로 바라보겠지?"

명호가 이해할 수 있다는 듯 고개를 끄덕였다.

"지금 일본의 헌법은 자국을 방어하는 것 외의 군사적 활동을 금지하고 있어. 그런데 일부 일본 정치인들은 헌법을 고쳐 자위권* 차원에서는 다른 나라를 공격할 수 있게 만들려고 하고 있어."

"헌법까지 고치면서 전쟁을 일으키려 하다니…… 그럼 어떤 일이 벌어지는 거예요?"

"만약 그렇게 된다면 일본이 독도를 다시 침략해서 뺏을 수 있게 되는 거야. 지금은 국민적 지지를 받지 못하지만, 20년 후에는 상황이 달라질 수도 있겠지."

"그럼 우리는 어떻게 해야 돼요? 이렇게 가만히 있어도 되는 건가요?"

> **자위권**
> 국가 또는 국민에 대한 급박한 침해에 대하여 실력으로써 방위할 수 있는 국가의 기본적 권리.

"기다리는 것도 좋은 방법 중 하나란다."

"네? 그냥 가만히 있으라고요?"

엄마의 대답에 명호가 놀라서 되물었다.

"독도를 지킬 수 있는 가장 확실한 방법은 국제사법재판소의 재판에서 이기는 거 아니예요?"

"안타깝게도 아직까지는 일본의 국력이 우리보다 세기 때문에 지금 국제사법재판소에서 재판을 하면 좋지 않은 결과가 나올 수도 있단다. 당장 발끈해서 국제적인 심판을 받자는 생각을 할 수도 있지만, 분쟁 지역으로 세상에 알려지면 일본보다 약한 우리나라로서는 손해라고 할 수 있지."

"기다리면 뭐가 달라지나요?"

"땅의 소유를 결정하는 데 있어서 가장 중요한 것은 누가 얼마나 오랜 기간 동안 실제로 가지고 있었느냐 하는 점이야. 그래서 우리나라 정부는 군인 대신 경찰을 보내 독도를 지키고 있지. 경찰이 지키고 있다는 것은 국가 간의 분쟁이 필요 없는 당연한 우리나라 땅이라는 의미이거든. 그렇게 차분하고 일관된 정책으로 실제 소유 기간을 늘리는 게 지금으로서는 가장 좋은 방법일 거야."

"그래도 불안하잖아요. 그렇게 가만히 있다가 독도를 뺏기면 어떻게 해요?"

명호의 말에 엄마가 활짝 웃으며 대답했다.

"그래, 맞아. 가만히 있으면 안 되지. 단순히 '독도는 우리 땅'이라는 주장만 되풀이하는 건 도움이 되지 않아. 우리는 지리적, 역사적으로 독도가 우리 땅임을 확실히 알고, 일본의 주장이 잘못되

었다는 것을 논리적으로 정확하게 설명할 수 있어야 해.

그리고 다시는 다른 나라에 우리 땅을 빼앗기는 일이 없도록 평소에도 꾸준히 관심을 갖고 우리의 주권을 지키기 위해 노력해야 한단다."

그때 엄마의 말을 조용히 듣고 있던 명철이가 명호에게 불쑥 장난감 총을 내밀며 말했다.

"형, 미안해. 난 일본처럼 억지를 부리는 사람은 되지 않을래."

명철이의 말에 명호와 엄마는 깔깔깔 웃음을 터뜨렸다.

한국과 일본이 가진 분쟁의 씨앗들

 우리는 독도를 영토 분쟁 지역으로 보고 있지 않아. 독도는 우리 땅이기 때문에 독도를 실효적으로 지배하고 있다는 표현을 쓰는 것도 옳지 않지. 상대방에 대한 주장을 논리적으로 반박할 때에만 어쩔 수 없이 사용하고 있는 거야.
 그런데 일본은 어떻게든 독도를 영토 분쟁 지역으로 만들려고 하고 있어. 그래서 얼마 전 일본 정부는 독도 영유권 주장을 담은 동영상을 10개 국어로 만들어 세계에 알렸지. 독도를 절대로 포기하지 않겠다는 의미라고 할 수 있어.
 사실 한국과 일본의 가까우면서도 먼 관계는 역사적으로 오랜 기간 동안 이어져왔어. 일본은 국내 정치적 문제를 해결하기 위해 오래 전부터 한반도를 침략하곤 했지.
 1592년, 일본은 일본 내부의 문제를 해결하기 위해 조선을 침략해 임진왜란(1592-1598)을 일으켰어. 그 후, 1910년에는 조선을 일본의 식민지로 만들었지. 일제강점기 당시 일본은 우리나라 사람들에게 한국말을 쓰지 못하게 하고 일본 이름으로 고치게 했으며 우리나라 사람을 일본으로 강제로 데리고 가 힘든 일을 시키고 자신들이 일으킨 전쟁에 한국 여성들을 위안부로 끌고 가기도 했어. 1945년, 한국은 일본의 지배에서 벗어났지만 지금도 일본은 자신들의 행동에 대해 반성하지 않고 있어 문제가 되고 있지.

  일본은 2차 세계대전 후, 전쟁 포기를 명시한 평화헌법을 만들며 집단자위권을 행사하지 않는다고 약속했었어. '집단자위권'이란 동맹국이 다른 나라에 공격을 받았을 때 자국에 대한 공격으로 간주해 반격할 수 있는 권리야. 그런데 그 약속을 버리고 언제든 다시 전쟁을 할 수 있게 하고 준비하고 있는 것이지.

  게다가 일본 총리의 야스쿠니 신사 참배도 문제야. 야스쿠니 신사는 2차 세계대전을 일으킨 전쟁범죄자들을 추모하는 곳이거든. 일본의 정치인들이 그곳을 참배하는 것은 지난 역사를 반성하지 않겠다는 잘못된 역사 인식을 드러내는 것이라고 할 수 있어.

  이러한 분쟁의 씨앗들을 없애기 위해서는 일본이 먼저 정확하게 역사 인식을 하고 위안부 피해자 문제 등에 대해 사과해야 해. 하지만 그것이 쉽지는 않을 것 같아.

  그렇다면 우리는 어떻게 해야 할까? 언제까지 화만 내고 있어야 할까? 남한은 바뀌지 않을 일본에 대한 적극적이고 장기적인 외교 전략을 만들어야 해. 그리고 우리 후손에게 올바른 역사를 알려야 할 의무가 있지. 우리나라를 지키기 위해 목숨을 바친 조상들에게 부끄럽지 않으려면 말이야.

대한민국과 중국의 분쟁

동북공정을 막아라

종국이는 학원에서 돌아오자마자 가방을 소파 위에 던지고 텔레비전을 켰다. 좋아하는 음악 프로그램이 나오자 종국이는 넋을 잃고 가수들의 노래와 춤을 바라보았다.

"종국아, 밖에 나갔다 오면 손발부터 씻으라고 했지?"

부엌에 있던 엄마가 목소리를 높였다.

"벌써 씻었어요."

종국이는 양말을 벗어 화장실 앞에 휙 던지며 거짓말로 대강 넘어갔다.

잠시 후 엄마가 사과와 접시를 들고 와 종국이 옆에 앉았다. 그리고 사과를 깎으며 종국이에게 물었다.

"오늘 영어 학원에서 무슨 일 없었니?"

"없었는데요."

"오늘 숙제는 해 갔니?"

"네."

종국이는 텔레비전에서 눈을 떼지 않고 건성으로 대답했다.

"무슨 숙제였는데?"

"엄마는 몰라도 돼요."

대답하는 종국이의 목소리가 갑자기 작아졌다.

"방과 후 단소 수업은 어땠어?"

"오늘 안 했어요."

"왜?"

"음, 선생님이 많이 아프시대요. 그래서 학교에 못 나오신다고……."

"그래? 많이 아프신 모양이구나. 엄마가 전화 한번 드려야겠다."

"뭐하러 전화까지 해요?"

전화를 한다는 엄마의 말에 종국이가 갑자기 짜증을 내며 말했다.

"왜 짜증을 내니? 선생님께 안부 전화하는 게 잘못된 거니?"

"그게……."

종국이는 더 이상 말을 잇지 못했다. 엄마는 텔레비전을 끄고 종국이 앞에 섰다.

"종국이 너, 아까 손발 씻었다는 거 거짓말이었지?"

순간 종국이는 꿀 먹은 벙어리가 되었다.

"영어 숙제도 안 했지? 영어 선생님이 네가 숙제를 안 해왔다고 문자를 보내서 엄마가 물어본 거였어."

엄마의 말에 종국이는 머리를 푹 숙였다.

"그리고 단소 수업에 가기 싫어서 안 갔으면 그냥 솔직하게 말하지 그랬니. 거짓말 하느라고 멀쩡한 선생님까지 아프게 만들면 되겠니? 그렇게 뻔히 들통 날 거짓말을 하다니, 엄마 맘이 아프구나."

엄마는 종국이의 머리를 천천히 쓰다듬으며 말을 이었다.

"거짓말은 하면 할수록 자꾸 커지게 된단다. 네가 당장 위기를 모면하려고 꼬리에 꼬리를 무는 거짓말을 하는 모습이 마치 중국이 우리 역사를 왜곡하는 상황과 비슷하구나."

잘못을 뉘우치며 귀를 기울이는 종국이의 얼굴을 바라보며 엄마는 이야기를 이어갔다.

동북공정과 요하 문명

고조선, 고구려, 발해의 역사는 어느 나라의 역사에 포함될까? 그래, 당연히 우리나라의 역사지. 그런데 중국은 지금 고조선, 고구려, 발해의 역사가 중국의 역사라고 주장하고 있어.

그런 중국의 주장을 '동북공정'이라고 해. '동북공정東北工程'이란 '동북변강역사여현상계열연구공정東北邊疆歷史與現狀系列研究工程'의 줄임말이야. 어렵지? 간단하게 말해서 중국 동북쪽에 있는 헤이룽장 성, 지린 성, 랴오닝 성에서 일어난 역사, 지리, 민족 문제 등과 관련된 여러 가지 문제를 연구하는 사업을 말하는 거야.

중국은 동북공정을 하면서 '중국 국경 안에서 일어난 모든 역사는 중국의 역사'라고 주장하고 있어. 결국 우리나라의 고대 역사인

만리장성의 길이에 대한 이전 발표와 변경 내용

고조선과 고구려, 발해의 역사도 고대 중국의 역사에 포함된다는 주장이란다.

2001년에 북한은 유네스코UNESCO에 고구려 고분군을 세계 문화유산으로 지정해 달라는 신청을 했고, 2004년에 이 신청이 받아들여져 등재되었어. 그런데 중국도 자기네 땅에 있는 고구려 유적을

유네스코 세계 문화 유산으로 등재시킨 거야. 그리고 2002년부터 본격적인 동북공정을 시작했지. 하지만 동북공정에 반대하는 우리나라 역사학계와 정부의 노력으로 5년만인 2007년에 끝을 냈단다. 하지만 형식적으로만 중단했을 뿐 실제로는 동북공정이 지금까지도 계속되고 있어.

예를 들어, 중국은 2012년에 '역대장성'의 총 길이가 21,196.18km라고 발표했어. 몇 년 전만 해도 6,000km 정도였던 만리장성을 역대장성이라고 바꾸어 표현하며 무려 3.5배나 확대해서 발표한 거야. 만리장성 대신 역대장성이라는 표현을 쓴 까닭은 중국 영토 내에 있는 다른 민족들이 쌓은 장성까지 모두 연결했기 때문이란다. 여기에는 고구려와 발해가 남긴 성곽 및 장성까지 모두 포함되었지.

심지어 중국은 조선족을 통해 우리 민족 고유의 노래인 '아리랑'까지 중국의 무형문화재로 지정했어. 그리고 백두산을 세계 문화유산에 등재시켰으며, 고구려와 발해의 유적지를 훼손하고 표지판과 안내문도 마음대로 고쳤어. 결국 중국은 거짓으로 역사를 만들고, 아이들에게 그 거짓 역사를 가르치고 있는 거야.

사실 중국은 56개의 민족이 섞여서 살고 있는 다민족 국가야. 그 중에서 한족漢族이 주축을 이루고, 나머지 55개 민족은 소수 민족이라고 할 수 있어. 한족은 중국 영토의 34%를 차지하고 있으며, 나머지 55개의 소수 민족이 66%를 차지하고 있지. 그래서 중국은 언제 분열될지 모르는 불안함 때문에 '통일적 다민족국가론'을 내세우며 다민족을 모두 껴안아 각 민족의 단결을 강조하려고 하는 거야. 만약 하나의 민족이라도 분열되기 시작하면 각각의 민족들이 모두 저마다 독립을 주장할 수 있는 상황이 일어날 수 있기 때문이지.

이런 이유 때문에 중국은 '주변국의 역사를 지우고 자국의 역사를 키우기 위한 작업'을 시작한 거야. 동북 지역 모든 소수 민족의 역사를 전부 중국사로 포함시키려는 동북공정도 그 과정 중 하나라고 할 수 있지. 그렇게 하면 동북 지역에 살고 있는 조선족도 중국 민족임을 확실하게 각인시킬 수 있거든. 한편으로는 남한과 북한이 통일되었을 때 만주에 대한 소유권을 주장할까봐 영토 분쟁을 미리 막으려는 의도에서 역사를 조작하는 것일 수도 있단다.

사실 중국이 자기들의 역사를 바꾸려고 것은 지금 중국 민족의 뿌리 자체가 흔들리고 있기 때문이란다.

중국은 지금까지 자신들의 뿌리를 황허 문명이라고 여겼어. 그래서 만리장성을 쌓은 후 그 아래에 터전을 잡고 북쪽의 민족을 애써 무시했지.

그런데 1980년대에 들어서면서 황허 문명보다 1,000년 이상 앞선 요하 문명이 만리장성 이북 지역에서 발굴되기 시작했어. 당황한 중국은 황허 문명과 함께 요하 문명도 자신들의 문명 기원지로 포함시키기로 작정한 거지. 요하 문명을 자기들의 문명으로 만들려면 만리장성을 엿가락처럼 늘릴 수밖에 없었던 거야.

그런데 요하 문명이 시작된 곳이 바로 고조선이 자리를 잡았던 지역이야. 고구려 때까지 우리 땅이었고, 우리 조상들이 활발하게 활동하던 곳이지. 그 지역의 주거 양식과 비파형동검, 빗살무늬토기 등의 유물이 요동반도와 발해만, 그리고 한반도에서 풍부하게 발견되었고, 만리장성 이남의 중국 본토에서는 발견되지 않았다는 점에서도 황허 문명과는 확실히 구분된다는 사실을 알 수 있어.

그런 사실을 잘 알고 있기 때문에 중국은 요하 문명도 자기들의 문명이라고 주장하며, 그 안에서 발견되는 문화 역시 자기 민족의 것이라는 주장을 하고 있는 거야. 결국 그 주장을 인정받기 위해

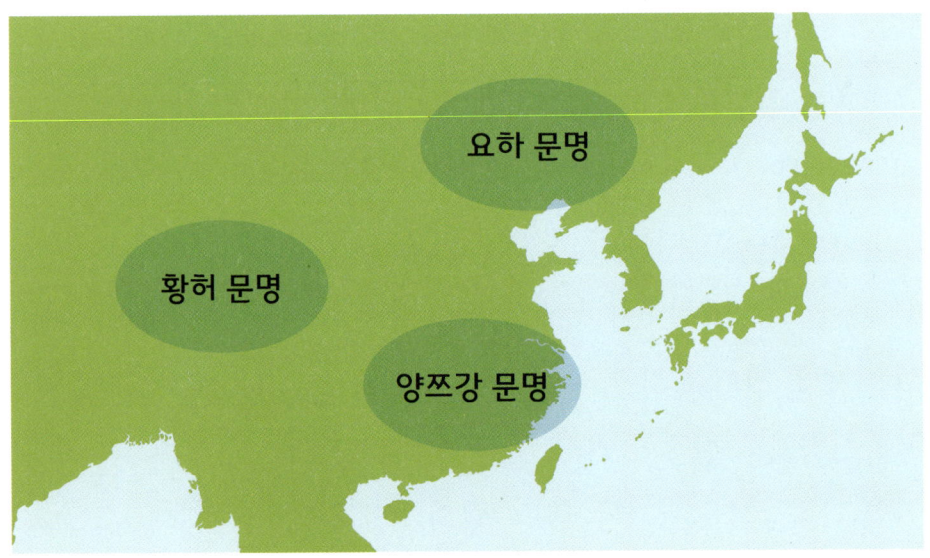

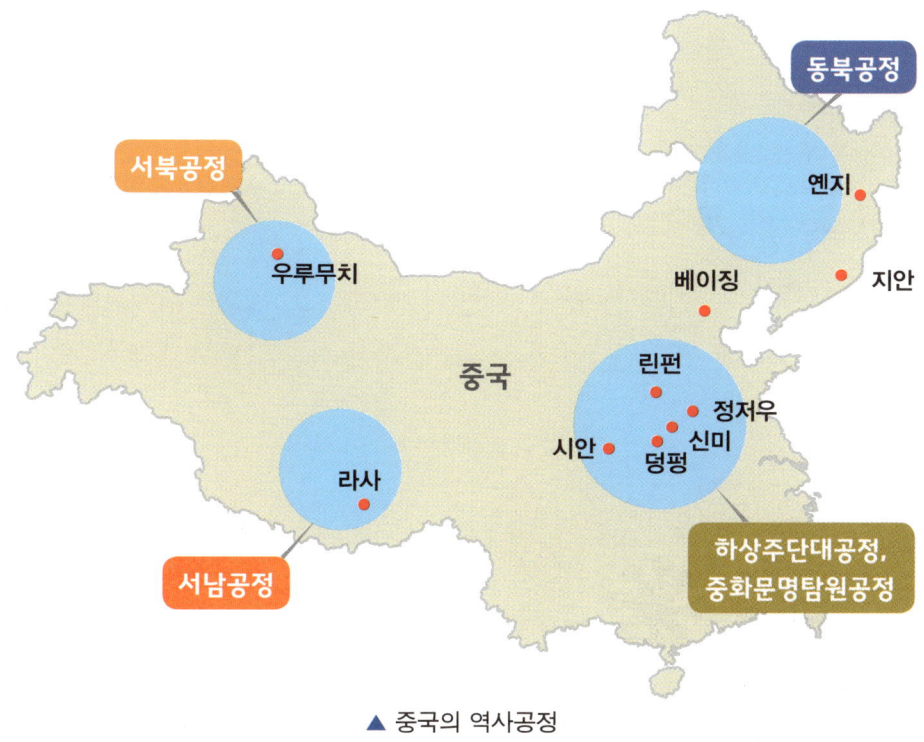

▲ 중국의 역사공정

고조선, 부여, 고구려, 발해의 역사도 중국의 역사로 만들고 싶은 거겠지.

조작된 역사

중국은 현재 중국 영토 내에서 이루어진 모든 역사를 중국사에 포함시키겠다는 상식 이하의 주장을 하고 있어. 이런 것을 '영토패

권주의*'라고 한단다.

 사실 수십 년 전만 해도 중국은 고조선, 부여, 고구려, 발해의 역사를 자기네 역사라고 주장하지 않았어. 그럴 필요가 없었으니까. 그런데 지금은 멋대로 가짜 역사

영토패권주의
강한 군사력으로 세계를 지배하려는 강대국의 제국주의적 대외 정책.

를 만들어 내고 있는 거야.

중국의 주장을 한번 들어 볼래? 중국은 기자라는 중국 사람이 고조선의 왕이었고, 따라서 고조선은 중국의 지방 정권이라고 주장하고 있어. 하지만 고조선은 중국과 조공* 관계를 맺지 않았단다. 그리고 고조선 사람들이 다른 나라에서 온 망명자에게 왕의 자리를 내어줄 리도 없으니까 그 주장은 거짓이라고 할 수 있지.

특히 중국은 고구려의 역사를 철저히 왜곡하고 있어. 고구려의 역사를 자기들 것으로 만들 수 있다면 고조선과 발해의 역사도 자연스럽게 중국의 역사로 만들 수 있다고 생각한 거지. 그래서 중국은 고구려인들이 중국 민족 중 하나인 고이족의 후예라고 주장한단다.

하지만 고구려인들은 분명히 압록강 중류에서 생활하던 예맥족이야. 고조선과 부여도 예맥족이었고. 우리나라 민족이 북방계 민족인 예맥족과 남방계 민족인 한족韓族으로 구성되어 있다는 것은 유전적인 검사로도 쉽게 증명할 수 있어.

또한 중국은 고구려가 중국의 신하 국가로서 항상 공물을 바쳤으며, 고구려의 영토도 중국 땅의 일부분이었다고 주장하

조공
종속국이 종주국에 때를 맞추어 예물을 바치던 일. 또는 그 예물.

고 있어. 그런데 공물을 주는 것은 외교적인 문제 해결 방법 중 하나일 뿐이야. 그러니까 공물을 보냈다고 다 신하 국가라고 할 수는 없는 거지. 당시 고구려는 독자적인 연호를 사용했고, 그 사실은 중국 황제와 대등한 위치에 있는 자주적인 국가였음을 증명하는 거란다.

그들의 주장대로라면 중국에 공물을 보낸 신라, 백제, 일본의 역사도 중국의 역사에 포함되어야 하는데, 중국은 지금까지 한 번도 그런 주장을 하지 않았지. 그것만 보더라도 그냥 억지로 끼워 맞춘 주장이라고 할 수밖에 없는 거야.

심지어 중국은 고구려가 수나라, 당나라와 벌인 전쟁을 소수 민족을 통제하기 위한 중국의 통일 전쟁이자 국내 전쟁이라고 주장하고 있어. 그 전쟁이 대륙으로 뻗어나가려는 고구려의 정책 중 일부였다는 것은 고문서에 잘 나타나 있는데도 억지를 부리고 있는 거지.

중국은 발해 역시 고구려와 마찬가지로 당나라의 지방 정권에 불과하다고 여기고 있어. 그래서 발해 유적지에 발해를 세운 대조영이 당나라 사신에게 허리를 굽히는 그림을 그려 놓았단다. 그런데 지금의 중국이 되기 전에는 요동과 만주를 한족漢族이 직접 지배한 적이 거의 없었거든. 그야말로 엉터리 그림인 거지.

뿐만 아니라 중국은 왕건이 세운 고려가 고구려를 계승한 국가가 아니라는 주장도 하고 있어. 그리고 한반도 북부 지역이 원래 자기네들의 땅이었다고 주장하지. 하지만 고려는 나라 이름부터 고구려에서 따왔고, 북진 정책을 추진하기 위해 개경과 함께 서경평양을 양대 수도로 삼을 정도로 고구려의 정신을 계승한 국가였어. 발해도 고구려를 계승한 국가였기 때문에 발해가 멸망하자 고려는 발해 유민들을 고구려의 후예들이라며 흔쾌히 받아 주었지.

이렇게 중국은 거짓 역사를 만들어 내고 있어. 그런데도 우리나라는 중국에 가서 항의하지도 못하고 잘못을 바로잡지도 못하고 있단다.

역사 바로 세우기

"만약에 중국이 주장하는 대로 역사가 바뀌면 어떻게 되나요?"
엄마 얘기를 조용히 듣고 있던 종국이가 물었다.
"중국이 고조선과 고구려, 그리고 발해의 역사를 왜곡한다면, 우리나라의 역사는 2천 년밖에 되지 않는 거야."

"정말이요? 그럼 3천 년이 사라지는 거잖아요."

종국이가 깜짝 놀라 소리쳤다.

"시간이 문제가 아니란다. 공간적으로는 우리나라 영토가 한강 이남으로 줄어들게 되지. 그뿐만이 아냐. 고구려 역사를 자기네 역사로 만든 중국은 백제와 신라의 역사도 결국 중국의 역사로 만들려고 할 거야. 거짓말은 거짓말을 낳기 마련이니까."

엄마의 말에 종국이의 얼굴이 금방 빨개졌다.

"우리가 진실을 알리면 되잖아요."

"그렇지. 중국의 역사 왜곡에 대해 제대로 반박하기 위해서는 고조선, 고구려, 발해의 역사를 더 열심히 연구해서 역사를 바로 세워야 해."

"우리가 중국에 가서 직접 고치면 안 되나요?"

종국이가 물었다.

"중국이 고대 유적에 한국인들이 접근하는 것을 철저히 막고 있기 때문에 거의 불가능하다고 할 수 있어."

"에이, 정말 나쁘다."

종국이가 주먹을 쥐며 말했다.

"사실 지금까지 우리나라가 고대 역사에 대해 큰 관심을 갖지 않은 잘못도 있어. 독도 문제는 심각하게 받아들이면서 동북공정의 심각성은 느끼지 못했던 거지. 결국 지금은 어떻게 하지도 못하고 그저 보고만 있어야 하는 입장이 되어 버렸어."

엄마가 한숨을 길게 내쉬며 말을 이었다.

"한반도가 분단된 것도, 잘못된 역사를 바로잡지 못하고 있는 것도 우리 선조들에게 죄송스러운 마음이야. 그렇다고 우리 역사를 포기할 수는 없지. 역사는 우리 세대의 몫이 아니라 후손들의 몫이기도 하니까. 그러니까 고조선, 부여, 고구려, 발해의 역사가 우리 민족의 역사라는 사실을 절대 잊지 말아야 해. 역사를 잊은 민족에게 미래는 없단다."

엄마의 말에 종국이가 고개를 끄덕였다.

"엄마, 거짓말해서 정말 죄송해요. 앞으로는 절대 거짓말하지 않을 게요."

"그래. 엄마도 종국이가 착한 아이라는 걸 믿어."

엄마는 종국이를 꼭 안아 주었다.

국내·국외 분쟁이 많은 중국

　중국은 한(漢)족이 주축을 이루고 나머지 55개의 소수 민족으로 구성되어 있어. 그래서 중국은 '현재 중국 영토 안에 있는 모든 민족은 모두 중화민족이고, 그들의 역사와 문화는 모두 중국의 역사와 문화'라고 주장하며 '통일적 다민족국가론'을 내세우고 있지.
　동북 지역의 모든 소수 민족의 역사를 전부 중국사로 만들려고 하는 동북공정도 그 중 하나일 뿐이야. 그밖에도 중국은 위구르족과 관련이 있는 서북공정, 티베트 지역과 관련이 있는 서남공정, 몽골 지역과 관련이 있는 북방공정, 동남아시아 지역을 대상으로 하는 남방공정, 그리고 타이완과 오키나와 지역을 대상으로 하는 해양변강공정 등을 통해 그 지역의 역사를 중국사로 만들고 있지.

　중국의 역사 공정 중 가장 핵심이라고 할 수 있는 것은 1996년부터 2000년까지 진행된 '하상주단대공정'과 '중국고대문명탐원공정'이야. 이를 통해 중국은 하왕조의 시작을 기원전 2070년으로 정하면서 중국 역사가 오래되었음을 강조했지. 이러한 역사 공정을 통해 중국은 자기 나라 내부에 있는 분쟁의 씨앗을 없애려는 거야.

중소 국경 분쟁

쿠릴열도
영유권 분쟁

중소 국경 분쟁

독도 문제

남북한 대립

중소 국경 분쟁

이어도 문제

중소 국경 분쟁　티베트 독립운동

조어도 분쟁

중국 타이완 대립

서사(西砂)군도 분쟁

✹ 진행
✧ 종료

남사(南沙)군도 분쟁

▲ 동부아시아의 분쟁 지역

▲ 각국의 영유권 주장 해역

그런데 중국은 넓은 땅만큼 기다란 육지 변경선과 해양 변경선이 있고 주변 국가가 10여 개나 돼. 그래서 영토 분쟁 가능성이 아주 높아서 지금도 크고 작은 분쟁들이 끊이지 않고 있지. 중국 남해의 서사 군도와 남사 군도도 그중 하나야. 그곳은 일정한 지역에 크고 작은 섬이 흩어져 있지. 그런데 그 부근의 바다에는 엄청난 지하자원이 있어서 중국, 베트남, 필리핀, 타이완, 말레이시아 등의 나라들이 서로 몇 개씩 섬들을 점령하고 있어. 이 지역은 해양자원뿐만 아니라 인도양과 태평양의 교통 요충지이기 때문에 어느 나라도 포기하지 않으려고 해. 그래서 앞으로 큰 분쟁 지역으로 발전할 가능성이 높지.

이곳 뿐만 아니라 동부아시아의 분쟁 지역을 살펴보면 중국과 관련된 곳이 많아. 이렇듯 중국은 국내뿐만 아니라 국외에도 분쟁 지역이 많아. 그래서 앞으로 분쟁 지역에서 중국이 어떤 역할을 하게 될지 관심을 갖고 잘 지켜봐야 해.

중국과 일본의 분쟁

'댜오위다오'와 '센카쿠'

아침 자습 시간이었다. 정희가 민수의 책상 위를 살펴보더니 궁금한 표정으로 물었다.

"민수야, 내가 지난주에 생일 선물로 준 필통 안 쓰니?"

"응. 그거…… 너무 좋아서 집에서 쓰고 있어."

정희는 머뭇거리며 대답하는 민수의 대답이 좀 이상하다는 생각이 들었지만 고개를 끄덕였다.

그날 오후, 점심시간에 교실을 돌아다니던 정희는 영미 책상 위에 놓인 필통에 눈길이 머물렀다.

"영미야, 너도 이 필통 샀구나! 나도 얼마 전에 샀는데."

영미가 고개를 저으며 말했다.

"아냐, 이거 엊그제 민수가 내 생일 선물로 준 거야."

"뭐라고?"

영미의 말에 정희의 얼굴이 붉으락푸르락 변했다. 정희는 바로 민수에게 달려갔다.

"민수야, 너, 설마 내가 생일 선물로 준 필통을 영미에게 준 건

아니겠지?"

"그게…… 음 그러니까 그게 말야."

민수는 쉽게 말을 꺼내지 못했다.

"선물로 준 건데, 어떻게 그럴 수 있니?"

화가 잔뜩 난 정희는 영미의 자리에 가서 필통을 들었다. 그리고 필통 속에 있던 것들을 모두 꺼내 책상 위에 올려놓고 필통을 가지고 자기 자리로 돌아가려고 했다. 깜짝 놀란 영미가 정희를 팔을 붙잡았다.

"이건 원래 내 것이었으니까 내가 다시 가져갈게."

정희의 말에 영미가 황당하다는 듯 말했다.

"그게 왜 네 거니? 민수가 나에게 줬으니까 당연히 내 거지."

"처음에 내가 민수에게 준 거니까 원래 내 거인 거잖아."

"뭐라고? 줬다가 뺏는 경우가 어디 있니?"

정희와 영미가 서로 팔을 놓지 않고 으르렁거렸다.

"너희들, 도대체 무슨 일이니?"

다투는 소리를 듣고 선생님이 다가와 물었다. 정희와 영미는 선생님이 시키는 대로 서로의 팔을 놓고 자리에 앉아 자초지종을 이야기했다.

"너희들 모습이 마치 작은 섬 하나를 차지하기 위해 싸우는 중국과 일본의 모양새와 비슷하구나."

선생님이 차분한 목소리로 이야기를 시작했다.

낚시하는 섬, 조어도

중국과 타이완, 그리고 일본 사이에 있는 바다를 '동중국해'라고 한단다. 그 동중국해에는 조어도라는 작은 섬이 있어. 정확하게 말하자면 조어도는 타이완 북동쪽 185km, 일본 오키나와 서쪽 420km에 위치한 무인도야. 다섯 개의 바위섬과 세 개의 암초로 이루어져 있으며, 물이 하나도 없어서 사람이 살기에는 부적합한 곳이란다. 조어도는 '물고기를 잡는 섬'이라는 뜻이고, 근처에 있는 여러 섬을 묶어 '조어도 열도 釣魚島 列島'라고 부르기도 해.

그런데 이 조어도를 일본에서는 '센카쿠'라고 부르고, 중국에서는 '댜오위다오'라고 부른단다. 서로 다른 이름으로 부르는 것에서 알 수 있듯이 일본과 중국은 이 작은 섬의 소유권을 놓고 대립 중이지.

현재 조어도의 실질적인 주인은 일본이야. 지금도 일본 어민들

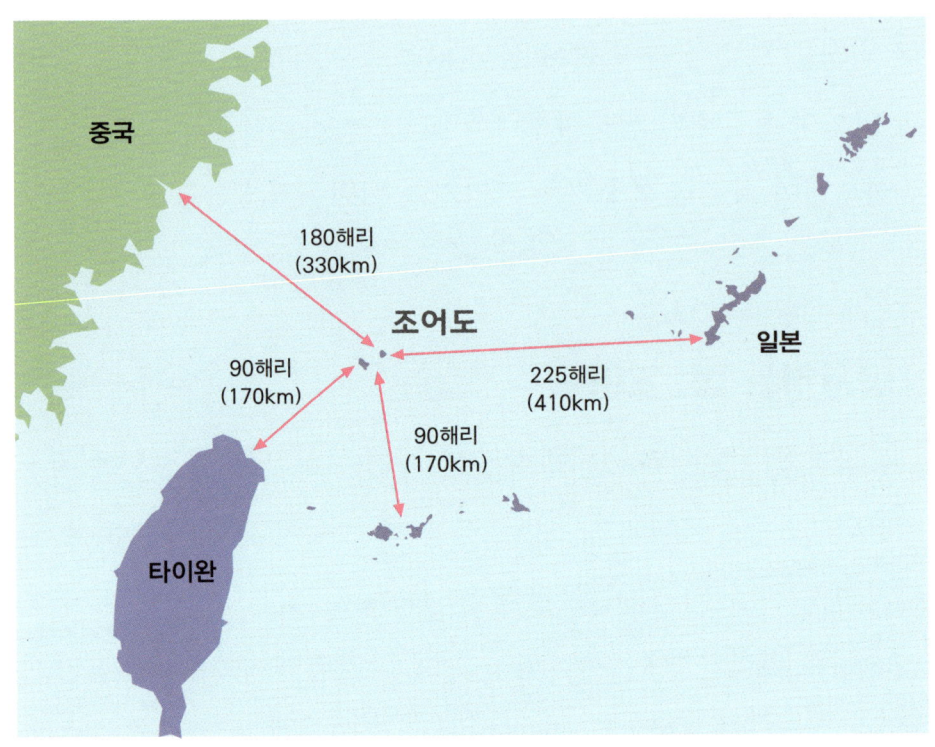

▲ 조어도의 위치

은 지나는 길에 가끔 상륙해서 조어도가 일본의 영토임을 과시 하곤 한단다. 그런데 중국 어부들이 조어도 근처에서 고기를 잡기 시작하자 일본 사람들은 조어도에 등대를 설치했어. 그때부터 일본과 중국의 조어도 분쟁이 점점 격해지기 시작한 거야.

게다가 최근에는 일본이 조어도를 국유화하기로 했어. 나라에서 섬을 직접 관리하겠다는 뜻이지. 그러자 중국은 조어도가 자기네 영토라고 주장하며, 영해의 기점으로 삼겠다고 선포했어. 두 강대국은 왜 작은 섬 하나를 놓고 서로 으르렁거리며 싸우는 걸까?

조어도는 이름처럼 물고기만 잡는 섬이 아니야. 작은 섬이기는 하지만 독도와 마찬가지로 수산자원을 비롯하여 석유, 천연가스와 같은 해양 지하자원, 해상 교통, 군사적 입지 등의 측면에서 매우 중요한 곳이란다.

먼저 조어도는 지리적으로 군사 전략의 요충지야. 조어도를 차지하는 나라가 서로를 견제할 수 있는 중요한 위치를 차지하게 되는 거지. 만약 조어도를 중국이 차지한다면 중국이 황해와 동중국해의 주인이 되는 거야. 마찬가지로 일본이 차지하면 중국을 위협할 수 있는 소중한 영해를 얻게 되는 거지.

그리고 조어도를 차지하는 나라가 조어도 인근의 110km²에 달하는 바다의 주인이 될 수 있어. 이곳에서 잡을 수 있는 물고기의 양이 엄청나기 때문에 두 나라 모두 조어도를 포기할 수 없는 거야.

게다가 조어도 아래에는 엄청난 양의 석유와 천연가스가 매장되어 있는 것으로 추정되고 있어. 최근 들어 급격한 발전이 이루어지고 있는 중국은 많은 양의 에너지를 필요로 하고, 세계에서도 손꼽

히는 경제 규모를 자랑하는 일본 역시 에너지 자원이 아쉬운 건 마찬가지이기 때문에 조어도에 대한 영유권 분쟁이 점점 더 심해지고 있는 거야.

결국 일본과 중국 모두 군사적, 경제적 이득을 바라보고 있기 때문에 조어도가 자기네 땅이라고 주장하면서 포기하지 못하는 거지.

조어도의 진짜 주인은 누구일까?

중국은 조어도가 역사적으로 중국 영토였다고 주장하고 있어. 명나라 때인 1403년에 만들어진 '순풍상송順風相送'이라는 책에 조어도가 등장하는 것을 근거로 삼고 있지. 1863년 중국에서 만든 세계지도에도 조어도가 중국 푸젠 성에 속한 섬으로 표시되어 있다고 해. 그러니까 19세기 청나라가 서양 세력에 무릎을 꿇기 전까지는 조어도가 중국 어민들이 고기를 잡고 잠시 비바람을 피하던 곳이며, 따라서 중국이 실효적 지배를 해 왔다는 얘기야.

한편 일본은 조어도가 1885년 오키나와의 어부가 발견한 땅이며, 그 전에는 주인 없는 땅이었다고 주장하고 있어. 사실 일본도 처음에는 조어도가 청나라에 가깝고 청나라가 이미 그 섬의 이름

'댜오위다오'와 '센카쿠'

까지 지었다는 것을 알고 있었지. 그래서 조심스럽게 조어도에 접근했어. 그런데 1895년 일본이 청나라와의 전쟁에서 승리했을 때 청나라가 타이완을 일본에 넘겨주면서 조어도까지 함께 넘긴 거야. 결국 전쟁에서 승리한 일본이 조어도에 일본 국가의 징표를 세우고 정식으로 자기 나라의 영토로 포함시켰단다.

그리고 세월이 흘러 1945년에는 일본이 2차 세계 대전의 패전국이 되었어. 당시 일본은 태평양에서 점령한 모든 섬들과 강제적으로 빼앗은 모든 영토를 원래의 주인에게 돌려주어야 한다는 조약 때문에 타이완도 중국에 다시 돌려줘야 했지. 그런데 그때 조어도는 돌려주지 않았어.

2차 세계 대전에서 승리한 미국은 조어도를 일본의 오키나와와 함께 관리했고, 1969년 샌프란시스코 강화 회의에서 조어도를 오키나와와 함께 일본에게 넘겨 버렸어. 그 후 지금까지 조어도는 일본이 관리하고 있는 거야. 하지만 중국과 타이완은 일본의 실효적 지배를 인정하지 않는 거지.

조어도 해역에 많은 양의 석유와 천연가스가 매장되어 있다는 사실이 알려지면서 중국과 일본은 저마다 유리한 증거를 내세우며 조어도의 영유권을 주장하고 있어.

먼저 일본의 입장은 미국이 조어도를 일본에 반환했으니까 당연히 일본 땅이고, 현재 실제로 지배하고 있는 것도 일본이니까 의심할 여지없이 자기들이 주인이라는 거야.

중국의 얘기도 들어 볼까? 중국은 일본이 조어도를 주인 없는 땅 취급하며 강제로 일본 영토에 편입시킨 것은 무효이고, 2차 세계 대전 후 일본이 패전하면서 타이완이 다시 중국의 일부가 되었으므로 당연히 조어도도 중국에게 반환되어야 한다고 주장하고 있어. 샌프란시스코 강화 회의에서 미국이 조어도의 영유권을 일본에게 넘긴 것은 그 회의에 중국이 참석하지 않았기 때문에 인정할 수 없다는 거야.

1978년에는 중국과 일본이 우호 조약을 체결하면서 조어도 분쟁도 잠시 가라앉는 듯 했어. 하지만 1992년 중국이 조어도 열도의 영유권을 다시 문제 삼기 시작했고, 1996년에는 조어도 근처에서 유전 탐사 작업을 실시했지. 일본도 가만히 있지 않고 조어도에 등대를 설치하고 일장기를 내걸었어. 그 후로 분쟁은 갈수록 더 심해졌단다.

1997년, 일본과 중국은 조어도 분쟁으로 인해 두 나라의 관계가 나빠져서는 안 된다고 발표했어. 하지만 그 후에도 중국 사람들이

배를 타고 조어도에 들어가려고 하면 일본 순시선이 체포한 후 강제로 추방했고, 일본 사람들이 조어도에 들어가려고 하면 중국은 해양감시선과 전투기를 보내 주변을 계속 맴돌았어. 그러면 일본도 전투기를 내보내는 일촉즉발의 상황이 반복된 거야.

이제 일본은 국제법에 바탕을 둔 200해리 해양 영토를 기준으로 조어도의 일본 쪽 수역에서 자원 채굴을 하려고 해. 중국은 일본의 그런 행동을 인정할 수 없다며 해군을 조어도 가까이에 배치했지. 중국은 심지어 해군을 남중국해 인근에 파견해 놓고, 타이완 해군과 함께 조어도를 점령하는 훈련까지 했어. 미국과 일본도 이에 맞서 조어도 방어 훈련을 했고. 그래서 지금 조어도에는 팽팽한 긴장감이 감돌고 있단다.

협상이 필요해!

"일본은 왜 그렇게 긴장감을 조성하는 건가요?"

영미가 물었다.

"일본은 국민들의 단결을 위해서라도 중국과의 긴장 관계를 유지하고 싶어 해. 그리고 그 상황을 이용해서 강한 해군을 육성하려고 하지."

"일본은 옛날에 자기들이 저질렀던 나쁜 짓을 기억하지 못하나 봐요."

정희의 말에 선생님이 고개를 끄덕이며 말을 이었다.

"그리고 조어도의 어마어마한 자원도 포기할 수 없는 거지."

"자원이 그렇게 중요한가요?"

"현대 사회에서는 자원이 곧 힘이 될 수 있단다. 그래서 자원민족주의라는 말도 생겨났지. '자원민족주의'란 국가의 경제적 이익을 위해 자원을 무기화하는 거야. 쉽게 말하면 석유, 원자재, 곡물 등을 많이 가지고 있는 나라가 수출 등을 제한해서 다른 나라에 영향을 미치는 거지."

"그럼 우리나라처럼 석유가 나지 않거나 곡식이 많이 나지 않는 나라들은 불리하겠네요?"

영미가 아쉬운 표정으로 말했다.

"두 나라 사이에 전쟁이 일어날 수도 있는 건가요?"

정희도 걱정스러운 표정으로 물었다.

"중국과 일본이 우발적으로 충돌할 수는 있지만, 전쟁으로까지 확대될 가능성은 낮아. 국가 간의 전면전으로 확대되면 서로에게 큰 손해라는 것을 너무나 잘 알고 있거든. 게다가 조어도는 중국과 일본만의 문제만이 아니라 타이완과 미국 등 다른 나라의 이해관계도 얽혀 있어서 만에 하나 전쟁이 일어난다면 매우 복잡한 상황이 되지. 어쨌든 중국과 일본 어느 한 쪽이 자존심을 굽히지 않는

한 이 긴장 상태는 아주 오랫동안 지속될 거야."

"그러면 싸우지 말고 말로 협상하면 되잖아요."

"그렇지. 쉽게 해결될 것 같지 않지만, 그래도 적당한 협상은 필요하단다."

선생님이 눈짓을 하며 정희와 영미의 얼굴을 번갈아 쳐다보았다. 한동안 머뭇거리던 영미가 정희에게 말을 꺼냈다.

"정희야, 우리 협상하자."

"어떻게?"

"이 필통 그냥 민수에게 줘 버리자. 그리고 우리 싸우지 말고 친하게 지내는 게 어때?"

"그래, 그렇게 하자."

영미는 민수의 책상 위에 필통을 갖다 놓았다.

"이제 네 거니까 버리든 쓰든 네가 알아서 해. 이제 너하고는 친하게 지내지 않을 거야."

영미가 민수에게 다부지게 말했다. 그리고 정희와 손을 잡고 깔깔거리며 밖으로 나갔다. 민수는 그 모습을 멍하니 바라만 보고 있었다.

한국, 중국, 일본의 방공 식별 구역

  2013년 중국 공군이 방공 식별 구역(Air Defense Identification Zone, ADIZ)을 선포했어. 그로 인해 조어도는 일본과 중국의 방공 식별 구역으로 겹쳐지게 되었지.
  '방공 식별 구역'은 영공의 방위를 위해 영공 외곽 공해 상공에 설정되는 공중 구역이야. 자국 공군이 국가 안보를 위해 일방적으로 선포한 구역이지. 그러므로 다른 나라의 비행기가 비행할 때에는 반드시 방공 식별 구역을 설정한 나라의 사전 동의가 필요한 것은 아니야. 하지만 다른 나라의 항공기가 진입하려면 24시간 이전에 해당국 군 당국의 허가를 받고 있어.
  만약, 방공 식별 구역에 들어온 항공기가 국가 안보에 위협이 된다고 판단되면 돌아갈 것을 요청하거나 전투기로 감시하게 되지. 그런데 심각한 경우에는 격추할 수도 있으므로 조심해야 해.
  한국도 방공 식별 구역을 확대하여 중국과 일본에 알렸어. 전에는 우리나라 최남단 이어도를 방공 식별 구역에 넣지 않았는데 이번에 방공 식별 구역에 넣었어.
  이어도는 바다 수면으로부터 4.6m 아래에 있으며 태풍이 와서 파도가 높게 칠 때 그 모습을 수면 위로 드러내는, 실제로 존재하는 섬이야. 한국은 이어도 옆에 인공 섬인 종합해양과학기지를 세웠지.

이어도는 행정구역상 제주특별자치도에 속해 있는데, 우리나라로부터는 149km, 중국으로부터는 287km 거리에 위치하고 있어. 그 주변은 물고기의 먹이가 되는 플랑크톤이 풍부해 황금어장으로 불리며 한국, 중국, 일본 어선들의 조업이 활발히 이뤄지고 있지.

그런데 중국과 한국의 방공 식별 구역 선포로 이어도가 한국과 중국, 일본 세 나라의 방공 식별 구역에 겹쳐지게 되었어. 그래서 최악의 경우에는 한국, 중국, 일본 세 나라의 전투기가 동시에 출격할 수 있지.

방공 식별 구역은 전 세계에서도 22~23개국 밖에 선포하지 않았어. 그래서 국제법적인 근거도 미약하지. 그러므로 이렇게 세 나라의 방공 식별 구역이 겹치는 것이 또 다른 분쟁의 원인이 되지 않도록 세 나라의 조율과 협력이 필요한 때야.

▲ 각국의 방공 식별 구역

인도와 파키스탄의 분쟁

카슈미르의 종교 분쟁

"오늘은 각 모둠별로 게임을 하나씩 정하세요. 그 게임을 가장 잘한 사람이 이번 달 모둠장이 되는 거예요."

선생님 말이 끝나자 아이들은 모둠별로 흩어져서 게임을 정하기 시작했다.

민수, 준호, 영희, 소진, 다솜이가 속해 있는 사랑 모둠은 등나무 아래에 모였다.

"우리는 팔씨름으로 하자."

덩치가 크고 힘이 센 민수가 먼저 제안을 했다.

"팔씨름은 재미없어. 우리 달리기로 모둠장을 뽑자."

달리기를 잘하는 준호가 목소리를 높였다. 그러자 민수가 입을 삐죽거렸다. 사실 준호와 민수는 사사건건 의견이 달라 툭하면 시비가 일어나곤 했다.

"아냐, 팔씨름이 간단하잖아."

"달리기도 간단하거든?"

"그럼 출발이랑 도착 심판은 누가 볼 건데?"

민수와 준호가 다투듯 말을 이어가자 다른 아이들은 서로 눈치만 보며 섣불리 말을 꺼내지 못했다. 민수와 준호가 둘 다 힘이 세기 때문에 누구 장단에 맞춰야 할지 몰랐다.

"투표로 결정하는 건 어때?"

민수의 말에 준호가 고개를 끄덕였다.

"팔씨름이 좋은 사람?"

영희가 손을 들었다.

"그럼 달리기가 좋은 사람?"

이번에는 소진이가 손을 들었다.

"다솜이 넌 뭐야? 왜 손을 안 들어?"

"그게…… 팔씨름을 하면 민수가 유리하고, 달리기를 하면 준호가 유리하잖아."

"그래서?"

민수가 다솜이의 팔을 툭 치며 거칠게 말했다. 그러자 다솜이는 더 이상 말을 잇지 못했다. 준호도 다솜이를 계속 째려보고 있었다. 그때 선생님이 다가왔다.

"다른 모둠은 벌써 게임을 시작했는데, 너희 모둠은 아직도 뭘 할지 못 정했니?"

"그게……."

다솜이가 지금까지의 상황을 이야기했다.

"고래 싸움에 새우등 터진 격이로군. 둘이 화해하고 의견을 맞추면 아무 일 없을 텐데. 마치 인도와 파키스탄 사이에 있는 카슈미르의 분쟁을 보는 것 같구나."

"카슈미르라는 나라도 있어요?"

준호가 물었다.

"그럼, 있지. 우리 카슈미르라는 나라에 대해서 알아볼까?"

인도와 파키스탄, 그리고 카슈미르

너희도 잘 알겠지만 인도는 남부아시아를 대표하는 큰 나라야. 국토 면적은 세계 7위이지만 세계에서 중국 다음으로 인구가 많지.

11억 명의 인구에 180여 개의 언어가 쓰이고 있어서 나라에서 인정하는 공식 언어만 해도 22개나 된단다. 그만큼 인도는 다양성을 생명으로 하는 나라야.

인도는 인더스 강과 갠지스 강 주위로 넓은 평야가 펼쳐져 있고 그 평야를 높은 히말라야 산맥이 보호하듯 감싸고 있어서 옛날부터 사람들이 살기 좋은 땅이었단다. 그래서 기원전 3,000년 전부터 인더스 강 유역에서 세계 4대 문명 중 하나인 인더스 문명이 번성하기도 했지.

그곳이 워낙 살기 좋은 땅이었기 때문에 그 지역을 노리는 나라들도 많았어. 인도는 기원전 1,500년경에 아리아인에게 정복당했고, 기원전 4세기경에는 아소카 왕에 의해 통일되어 굽타 왕조 때 황금기를 맞았지. 그리고 16세기에는 이슬람 왕국인 무굴 제국이 세워졌어. 힌두교의 나라에 이슬람교도가 들어와서 인도를 다스리게 된 거야.

1757년 인도는 영국과의 전쟁에서 패배하여 200여 년 동안 영국의 식민지가 되고 말았어. 영국은 인도에서 원재료를 싸게 구입하고, 자기 나라의 공업 제품을 비싸게 팔아 이익을 얻었지. 이때 영국은 힌두교 관리들을 많이 뽑아 나라를 다스리게 했단다. 그래

서 이슬람교도의 반발이 매우 심했어.

2차 세계 대전이 끝난 후 인도는 1947년 마하트마 간디의 지도로 영국에게서 독립했어. 우리나라와 비슷하지? 그런데 독립하는 과정에서 인도는 종교 갈등을 극복하지 못했어. 다신교인 힌두교와 우상을 거부하는 이슬람교는 섞일 수 없었고 서로를 인정할 수도 없었지. 결국 인도는 힌두교를 믿는 인도와 이슬람교를 믿는 파키스탄으로 분리되고 말았어. 이것은 종교와 민족에 따라 사람들을 이주시키고 분리해서 다스린 영국의 식민지 정책과도 깊은 관련이 있단다.

그런데 간디는 "분리 독립은 진정한 독립이 아니다."라고 주장하며 통일하기를 원했어. 1948년 1월 30일, 간디는 분리 독립을 반대하며 거리에서 시위를 하는 도중 분리 독립을 원하는 극우 힌두교도에게 암살되고 말았지.

결국 인도와 파키스탄은 분리되었고, 그 후 인도에서는 테러가 자주 일어났는데 대부분의 원인은 종교 문제 때문이었어. 그중에서도 카슈미르는 대표적인 종교 갈등 지역이란다.

카슈미르Kashmir 지역은 인도 북부와 파키스탄 북동부, 그리고 중국 서부와 접해 있어. 면적은 약 22만km²로 한반도와 비슷하지.

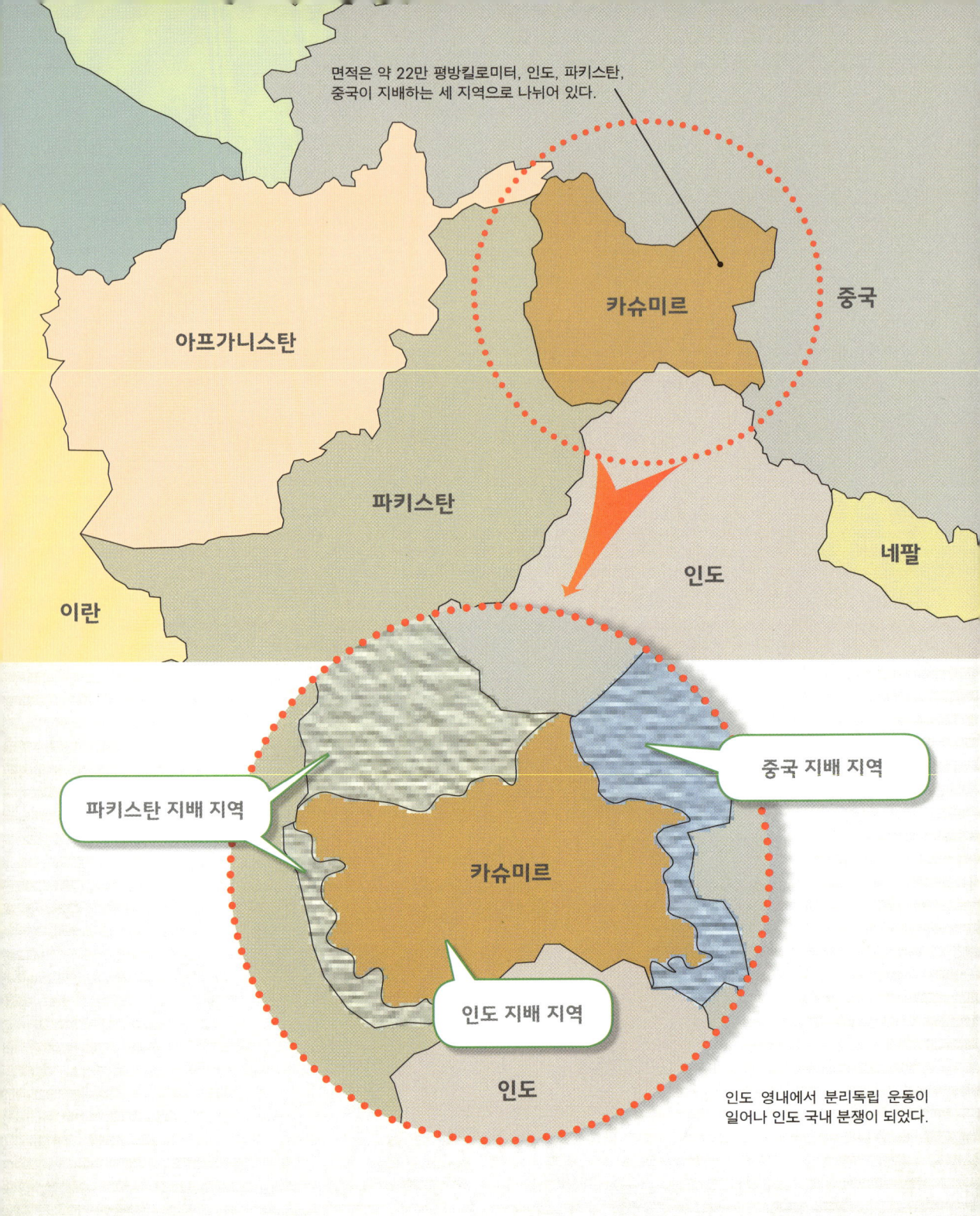

히말라야 산맥의 고산지대를 끼고 아름다운 계곡이 많아서 '지상 천국', '행복의 계곡' 등으로도 불리는 카슈미르는 고급 양모인 캐시미어 옷감의 본고장이야. 하지만 지금은 전쟁의 모습만 가득하지. 그곳에서 인도와 파키스탄이 수십 년 동안 충돌하고 있거든.

카슈미르는 14세기 이후 이슬람교도의 지배를 받다가 19세기 초에는 잠시 시크교도의 지배를 받기도 했고, 19세기 중엽에는 힌두교도의 지배하에 들어갔어.

그런데 인도와 파키스탄이 독립할 때 이 지역은 어느 나라에 속할지 결정하지 못했어. 그런데 당시 카슈미르 지역의 지도자는 힌두교였거든. 그 지도자는 인도로부터 각종 지원을 받는 대가로 카슈미르 지역을 인도에 편입시키려고 했지.

그런데 500만 명 정도 되는 카슈미르 지역의 주민 중 77%는 이슬람교도였어. 이 이슬람교 주민들은 카슈미르가 파키스탄에 편입되기를 원했지. 인도에 편입되면 이슬람교도들이 정치적으로나 경제적으로 차별을 받게 되기 때문이야. 하지만 힌두교 지도자들은 거부했단다. 그때부터 카슈미르의 분쟁이 시작된 거야.

세 차례의 전쟁

1947년, 파키스탄의 지원을 받은 카슈미르의 이슬람 무장 세력이 수도인 스리나가르Srinagar를 점령하려고 시도했어. 다급해진 카슈미르의 지도자는 인도에 도움을 요청했고, 인도는 즉시 군대를 보내 이슬람 무장 세력을 진압했단다.

그런데 이듬해인 1948년 5월, 이슬람교도의 보호와 카슈미르의 영유권을 주장하며 파키스탄도 군대를 보냈어. 그렇게 해서 제1차 인도-파키스탄 전쟁이 일어나게 된 거야.

전쟁이 시작되자 국제연합UN은 양측에 휴전을 제의했어. 그리고 1949년 1월 휴전협정이 맺어졌지. 이때 카슈미르의 대부분은 인도가 차지했고, 파키스탄은 아자르 카슈미르와 카슈미르 북부 지역을 손에 넣었어.

그런데 티베트의 지도자인 달라이 라마가 인도로 망명을 하려고 하자, 그의 망명을 막으려는 중국과 도우려는 인도가 카슈미르 지역에서 충돌해서 또 전쟁이 일어났어. 결국 중국이 그 전쟁에서 승리했고, 그 대가로 중국은 카슈미르의 동쪽 지역인 '아커사이친Aksai Chin'을 차지하게 되었지. 결국 카슈미르는 세 부분으로 나누어지게 되었단다.

그 후에도 카슈미르 문제는 해결되지 않고 인도와 파키스탄 사이에 작은 충돌과 테러가 빈번하게 일어났어. 국제연합은 카슈미르가 인도와 파키스탄 중 어느 나라에 속하게 할지 주민투표에 의해 결정하도록 했지만, 주민의 대부분이 이슬람교도이기 때문에 인도는 지금까지 주민투표를 거부하고 있지.

인도는 만약 주민투표를 하게 되면 카슈미르를 파키스탄에 내주어야 할 뿐만 아니라 카슈미르의 독립이 인도 내의 펀자브, 아삼 등의 지역에서 진행되고 있는 독립운동에도 영향을 미칠 수 있기 때문에 절대로 불가능하다는 입장이야. 그래서 카슈미르는 늘 분쟁의 불씨가 되고 있는 거란다.

1964년에 인도의 네루 수상이 죽자 인도는 혼란에 빠져들었어. 그 틈을 타 파키스탄은 카슈미르에서 비정규전을 벌여 카슈미르를 국제적인 분쟁지로 만들려고 했지. 결국 1965년 4월, 란 쿠츠Rann of Kutch 지역에서 두 나라 사이에 큰 충돌이 일어났단다.

1966년 1월, 인도와 파키스탄은 전면전에 들어갔어. 제2차 인도-파키스탄 전쟁이 시작된 거지. 전쟁이 계속되자 이번에는 소련의 중재로 휴전협정이 체결되었어. 제2차 인도-파키스탄 전쟁은 3,000명의 사상자를 낸 뒤에야 끝이 났단다.

그렇다고 두 나라 사이의 갈등이 완전히 해결된 것은 아니었어. 1971년에는 동파키스탄에서 독립 운동이 일어났지. 동파키스탄은 서파키스탄과 1,600km나 떨어져 있는 곳이거든. 동파키스탄이 선거를 통해 독립을 결정하자 서파키스탄은 군대를 투입했어. 그런데 인도가 동파키스탄을 돕는다는 명목으로 군대를 보내 제3차 인도-파키스탄 전쟁이 일어난 거야.

1972년, 이 전쟁에서 인도가 승리하여 동파키스탄은 방글라데시로 독립할 수 있게 되었어. 그러니까 제3차 인도-파키스탄 전쟁은 방글라데시의 독립전쟁이라고 할 수 있지. 이 전쟁에서 인도와 파키스탄은 '카슈미르 문제는 양국 간에 해결한다.'는 내용의 심라Simla협정을 체결했어. 그리고 지금의 카슈미르 통제선LOC이 확정되었지. 이 심라협정은 인도가 국제연합의 결의에 따른 주민투표를 거부하는 명분이 되고 있기도 해.

국제연합에서는 카슈미르 지역의 분쟁을 보고만 있을 수 없었어. 그래서 1949년부터 현재까지 이 지역에 유엔군사감시단UNMOGIP을 파견하여 군사적 충돌이 일어나지 않도록 감시하고 있단다. 우리나라도 1994년부터 정전감시요원을 파견하고 있지.

하지만 두 나라 사이의 분쟁은 아직 끝난 게 아니야. 1988년에는 인도가 차지하고 있는 카슈미르 지역에서 이슬람 분리 독립파가 생겨났는데, 이 이슬람 분리 독립파는 인도와 파키스탄 어느 나라에도 속하지 않겠다며 투쟁을 벌이기 시작했어. 결국 카슈미르의 상황은 더욱 복잡하게 꼬이며 해결의 실마리를 찾지 못하고 있는 거지.

 인도와 파키스탄은 전략적, 군사적, 정치적인 측면에서 매우 중요한 지역인 카슈미르에 대한 욕심을 버리지 않고 있어. 파키스탄은 인더스 강을 비롯한 주요 하천이 모두 카슈미르 지역에서 파키스탄으로 들어오기 때문에 수자원 확보의 측면에서 카슈미르가 매우 중요해. 한편 인도는 히말라야 영토를 중국이 자기 땅이라고 주장하고 있기 때문에 히말라야를 안고 있는 카슈미르를 절대 빼앗길 수 없는 거지.

 그래서 지금까지도 힌두교도와 이슬람교도 사이에 폭동, 테러,

게릴라전 등의 유혈 사태가 끊임없이 벌어지고 수많은 사상자가 발생하고 있는 거야. 지금 이 순간에도 누구의 잘잘못을 따질 수 없을 정도로 '테러와 보복의 악순환'이 거듭되고 있단다.

핵전쟁의 위협

"카슈미르의 분쟁이 언젠가는 해결될 수 있을까요?"

심각한 얼굴로 얘기를 듣고 있던 다솜이가 물었다.

"얼마 전 카슈미르에서 지진이 일어났어. 이때 피해를 복구하고 피해자들을 신속하게 구조하기 위해 인도가 구조단을 파견했지. 파키스탄도 인도의 구호 활동을 받아들여서 앞으로는 사이가 좋아질 수도 있겠다는 희망을 보여 주었어. 하지만 두 나라의 종교적 특성이 다르고 끊이지 않는 테러에 서로 적개심이 깊게 쌓여 있는 상태라 두 나라가 화해하는 것은 결코 쉬운 일이 아닐 거야."

"카슈미르가 스스로 독립할 수 있도록 그냥 내버려 두면 되지 않을까요?"

이번에는 영희가 물었다.

"물론 카슈미르 사람들은 독립을 원하고 있고, 그것이 분쟁을 해결하는 여러 가지 방법 중의 하나인 것은 분명하지. 그런데 인도와 파키스탄의 욕심이 카슈미르 사람들의 뜻을 무시하고 있는 거야."

선생님이 민수와 준호를 바라보며 말을 이었다.

"정말 무서운 것은 인도가 러시아와 긴밀한 관계를 맺고 있고, 파키스탄은 중국, 미국의 지원을 받고 있다는 거야. 그래서 인도와 파키스탄의 분쟁은 결국 세계 강대국들의 분쟁으로 확대될 수 있지. 게다가 인도와 파키스탄은 둘 다 핵으로 무장하고 있단다."

"네?"

아이들의 눈이 휘둥그레졌다.

"인도와 파키스탄은 세계에서 핵전쟁의 위험이 가장 높은 나라야. 특히 카슈미르가 핵전쟁이 일어날 가능성이 가장 높은 곳이지. 두 나라 모두 핵무기를 가지고 있고, 지금도 경쟁적으로 핵무기 실험을 하고 있거든. 카슈미르에서 분쟁이 계속되는 등 긴장이 높아지자 국제사회의 노력으로 1991년 양국은 '핵시설공격금지협정'에 합의했어. 하지만 '핵확산금지조약NPT'에 서명하는 것은 거부했단다."

"핵전쟁이 그렇게 무서운가요?"

다솜이가 물었다.

"누군가 현대 물리학의 거장인 아인슈타인에게 제3차 세계 대전에는 어떤 무기가 쓰일 것 같으냐고 물었어. 그러자 아인슈타인은 제3차 세계 대전은 잘 모르겠지만, 제4차 세계 대전에서는 돌도끼가 쓰일 것이라고 답했대. 이게 무슨 뜻인지 알겠니?"

선생님이 아이들을 향해 질문을 던졌다. 잠시 생각에 잠겨 있던 다솜이가 손을 번쩍 들고 대답했다.

"그 얘기는 제3차 세계 대전은 핵전쟁이 될 것이고, 결국 그 전쟁으로 인해 지구의 문명이 모두 파괴될 거라는 뜻이잖아요. 강대국들의 싸움에 애매한 다른 나라들까지 피해를 입게 되다니, 정말 나빠요."

다솜이의 말에 민수와 준호의 얼굴이 빨개졌다. 준호가 머뭇거리다가 말을 꺼냈다.

"맞아요. 인도와 파키스탄이 서로 조금씩 양보해서 핵전쟁이 절대 일어나지 않도록 했으면 좋겠어요. 그런데 다솜아, 아까 우리에게 무슨 말을 하려고 했던 것 같은데……."

준호의 말에 다솜이가 빙긋 웃으며 대답했다.

"한 사람에게만 유리한 게임이 아니라 모두가 받아들일 수 있는 게임을 하자는 거야. 장애물 달리기를 하는 건 어떨까?"

"장애물 달리기? 그거 괜찮네. 다들 어때?"

민수가 아이들에게 묻자 다들 웃으며 고개를 끄덕였다. 아이들은 홀가분한 표정으로 모여 장애물을 선택하고 달리기의 규칙을 정했다.

"자, 이제 정정당당하게 겨뤄보자고!"

아이들은 모두 활짝 웃으며 장애물을 향해 달리기 시작했다.

종교 분쟁으로 상처 입은 스리랑카의 눈물

　스리랑카는 인도 동남쪽 아래에 위치한 섬나라야. 섬의 모양이 눈물을 닮았다고 해서, 인도의 눈물이라고도 불리기도 하지. 그런데 이 스리랑카도 종교 문제와 민족 문제로 인해 1983년부터 지난 2009년까지 무려 26년간 내전이 일어났었어.
　스리랑카에는 70%가 넘는 다수 민족이자 불교를 믿는 신할리(Sinhalese)족과 스리랑카 북부에 주로 살면서 힌두교를 믿는 소수 민족인 타밀(Tamils)족이 살고 있어. 스리랑카가 영국의 지배를 받을 때에는 영국인들이 소수 민족인 타밀족을 우대했어. 그런데 1948년 스리랑카가 독립하면서 다수 민족인 신할리족이 집권하면서 타밀족을 차별하고 박해하는 정책을 펼쳤지. 그래서 1970년대부터 타밀족이 독립운동을 시작하게 되었어.
　1983년 7월, 타밀족 무장 반군 '타밀 엘람 해방 호랑이(LTTE)'가 스리랑카 정부군을 공격하면서 내전이 시작되었지. 타밀 반군은 군인과 민간인을 가리지 않고 잔혹하게 죽이거나 어린 아이들까지 전투에 투입시키기도 했어. 스리랑카 정부군도 제네바협정을 위반하면서 민간인 지역에 폭격을 하기도 하고 타밀군에 대한 고문과 무차별 학살 등

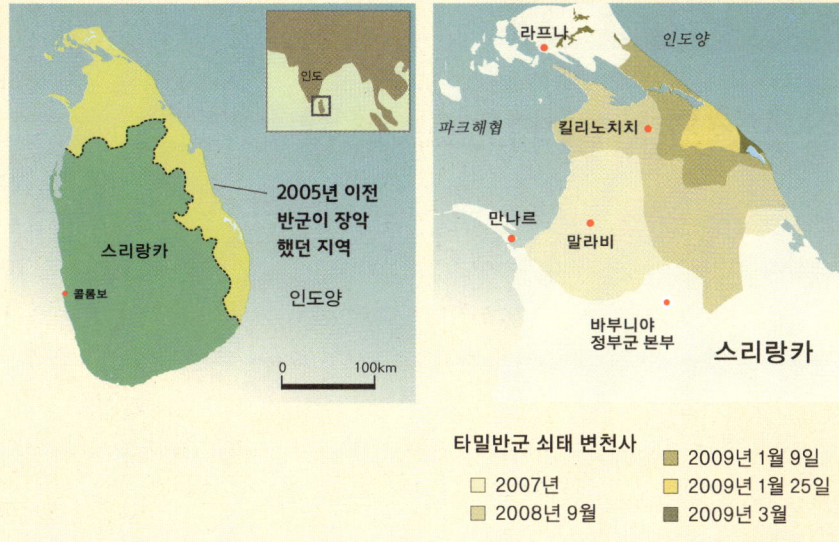

을 자행했지. 그로 인해 26년의 내전 기간에 정부군과 반군으로 인해 10만 명이 사망했는데 그 대부분이 민간인이라고 해.

2009년 타밀 반군의 항복으로 내전은 끝났어. 하지만 스리랑카 정부는 타밀족이 사는 북부에 많은 군인들을 배치하고 있을 뿐만 아니라 내전 동안 실종된 사람들에 대한 문제를 해결하지도 않고 있어. 뿐만 아니라 소수 종교를 탄압하고, 정치범 등을 수용하고 고문하면서 타밀족을 박해하고 있지.

그래서 스리랑카 북부 지역은 게릴라전이 벌어질 가능성 때문에 아직도 분쟁 지역으로 분류되고 있어. 스리랑카의 모습을 통해 분쟁이 끝난 지 수년이 흘렀지만 분쟁의 상처와 갈등은 쉽게 아물지 않는다는 것을 알 수 있지.

중국과 티베트의 분쟁

독립을 향한 티베트의 염원

오늘은 현장학습을 하는 날. 아침 일찍 출발하여 독립기념관에 모인 아이들은 이곳저곳을 둘러보았다.

"주영아, 이 태극기 좀 봐. 모양이 이상하지?"

"그러게 말야. 태극기에 낙서도 되어 있고……."

주영이와 동철이는 제대로 관람하지 않고 계속 장난만 쳤다.

"낙서가 아니라 독립을 위해서 애쓰신 분들이 태극기에 다짐을 써 놓은 거란다."

선생님이 알아듣게 설명해 주었지만, 주영이와 동철이는 제대로 듣지 않았다.

"일본은 우리나라의 국모인 명성황후를 시해했어. 그리고 그 후로도 우리나라를 정복하기 위해 많은 나쁜 짓을 저질렀단다."

선생님은 아이들을 이끌고 다니며 우리나라의 아픈 역사에 대해 설명해 주었다.

"일본은 우리나라를 강제로 점령한 후 우리 민족을 아예 없애기로 마음먹었지. 그래서 사람들의 이름을 일본식으로 바꾸게 하고, 우리말 대신 일본말만 쓰게 하기도 했어."

선생님의 목소리가 조금씩 높아졌다.

"하지만 일본에게 나라를 빼앗긴 후에도 많은 사람들이 독립을 위해 노력했단다. 자신의 목숨까지 바치면서 말이야."

선생님은 서대문 형무소에서 고문을 당하는 독립 운동가들의 모습을 보며 잠시 목소리가 젖어드는 듯했다. 그런데 주영이와 동철이는 그런 모습을 보면서도 계속 키득거렸다.

"주영아, 동철아, 우리 조상들이 독립을 위해 얼마나 애쓰셨는지 생각하면서 진지하게 둘러보렴. 알았지?"

선생님이 타이르듯 말했지만, 주영이와 동철이는 선생님의 눈을 피해 계속 까불기만 했다.

추모 영상을 보는 곳에서 영화를 본 후 선생님은 아이들에게 묵념을 하자고 했다.

"순국선열과 호국 영령에 대하여 묵념!"

선생님과 아이들은 고개를 숙여 묵념을 올렸다. 하지만 주영이와 동철이는 묵념을 하는 대신 서로 눈짓을 주고받으며 키득거렸다. 묵념이 끝나자 선생님은 주영이와 동철이를 앞으로 불러냈다.

"너희들이 지금 이렇게 까불면서 지낼 수 있는 것도 우리 조상들이 독립을 위해 목숨을 바쳐 노력했기 때문이란다. 아직도 다른 나라의 지배를 받으며 고통을 받고 있는 나라가 얼마나 많은데……."

선생님이 낮은 목소리로 주의를 주었다.

"그게 정말이에요? 아직도 다른 나라에 점령 당한 채로 살아가는 나라가 있다는 말인가요?"

"그래, 가까운 중국에도 그런 곳이 많이 남아 있단다. 특히 티베트는 중국 내에서도 가장 독립을 원하는 곳이지."

아이들은 선생님의 말에 귀를 기울이기 시작했다.

누구의 말이 옳을까?

중국은 세계에서 인구가 가장 많고, 영토도 러시아, 캐나다, 미국 다음으로 넓은 나라야. 지금 중국에 속해 있는 티베트도 무척 넓은

지역이지. 티베트에는 8,848m 높이의 최고봉인 에베레스트 산을 포함하여 세계에서 손꼽히는 높은 산들을 많이 있어서 세계의 지붕이라고 불린단다.

중국은 청나라 시절에 티베트를 식민지로 만들기 위해 치안을 핑계로 군대를 보냈어. 그런데 얼마 뒤 청나라가 무너졌지. 1912년 티베트 사람들은 주둔하던 청나라 군대를 몰아냈어.

그리고 인도에 망명 중이던 달라이 라마 13세가 티베트로 돌아와서 "티베트 지역에서 처음 등장한 통일 왕조인 토번 이후 역사적으로 티베트는 확실한 독립 국가였다."라고 주장했지. 달라이 라마 13세는 독자적으로 화폐를 발행해서 사용하고 '친서방 정책'을 펴면서 독립 국가의 위상을 높이려고 했어.

그런데 중국은 역대 중국 왕조들과 티베트의 관계를 들어 달라이 라마 13세의 독립 선언을 인정하지 않았지. 중국은 원나라가 티베트를 지배했다는 역사적 사실을 들어 원나라 이래 티베트는 중국 영토 안에 정식으로 포함되어 서장이라고 불려왔다고 주장하고 있어. 그리고 중국의 한족과 티베트 민족은 장인과 사위 관계였으며, 티베트의 역대 임금과 라마는 모두 중국 왕조의 책봉을 받았고, 대대로 조공을 했다는 봉건적인 주장을 하고 있단다. 다시 말해, 중국은 티베트를 서장이라고 부르며 독립 국가로 인정하지 않았고, 중국 내의 지방 정권 정도로만 여겼던 거야. 사실 지금도 중국에서는 티베트라는 말을 쓰면 잡혀가게 된단다.

이에 대해 티베트도 역사의 정당성을 주장하고 있어. 티베트는 포탈라 궁 벽화에 그려진 달라이 라마 5세와 청나라 임금의 모습이 그려진 그림을 예로 들며 신하들은 난장이처럼 작게 그렸지만 청나라 임금과 티베트의 달라이 라마는 같은 크기로 대등하게 그려져 있음을 강조하지. 즉, 청나라와 티베트는 대등한 관계였다는 주장이야. 그리고 원나라와 관련된 중국의 주장은 중국의 역사가 아닌 몽골의 역사이므로 인정할 수 없다는 거야.

이처럼 티베트가 역사적으로 독립 국가의 지위를 가졌는가 하는 문제는 티베트와 중국 양쪽의 치열한 역사 논쟁이 되고 있어. 사실 역사적인 정략 결혼, 조공 관계, 20세기 초 인도와 영국과의 관계까지 얽히면서 정치적인 이해관계가 복잡해져서 역사적으로 어떻게 판단해야 하는지는 쉽게 결론을 내릴 수 없는 상황이란다.

양측의 갈등은 1949년에 본격적으로 시작되었어. 그 시기에 중국 내전에서 공산당이 국민당을 누르고 중화인민공화국 정부가 수립되었거든. 중국의 인민해방군은 티베트 사람들을 외국 제국주의

로부터 해방시키겠다는 핑계로 티베트에 들어갔어. 중국 인민해방군과 티베트군 사이에 전쟁이 일어났지만, 중국 인민해방군이 쉽게 승리를 거두었지. 결국 1950년 10월에 중국은 티베트를 강제로 합병시키고 군대를 주둔시키며 사사건건 간섭을 했어. 특히 사회주의 국가인 중국은 종교를 부정했고, 티베트인들은 종교를 삶의 중심으로 여겼기 때문에 서로 뜻이 맞지 않았어. 결국 그때부터 티베트인들의 저항이 시작되었고, 분쟁이 끊이지 않았던 거야.

티베트는 중국이 전쟁을 일으킨 것은 해방전쟁이 아닌 침략전쟁이라며, 외교적인 노력을 통해 국제연합의 중재를 요청했어. 그런데 1950년에 한국전쟁이 일어나자 국제연합은 티베트에 대해 관심을 기울이지 못했던 거야. 결국 티베트는 외부의 도움 없이 스스로 독립을 쟁취해야만 했어.

1959년 3월 10일, 티베트 곳곳에서 독립을 요구하는 대규모 시위가 일어났단다. 티베트 수도 라싸에는 3만 명이 넘는 군중이 모여 독립을 외쳤어. 중국은 탱크를 앞세워 티베트의 포탈라 궁전을 포격하며 티베트인들을 진압했지. 결국 중국의 진압군에 의해 1만여 명의 티베트인들이 희생되었어. 독립의 꿈이 순식간에 무너지자 티베트의 최고 지도자 달라이 라마 14세*는 히말라야 산맥을 넘어 인도로 망명했지. 그때부터 티베트는 중국의 직접적인 지배를 받게 되었고, 티베트 분쟁은 국제적인 관심을 받기 시작한 거야.

티베트를 점령한 중국은 옛 티베트 땅의 절반 정도만 '티베트 자치구'로 지정하고, 나머지는 기존 각 성省*에 통합했어. 중국의 1/4을 차지하던 티베트를 갈기갈기 찢어 아예 독립의 의지를 갖지 못하도록 한 거야. 하지만 티베트 자치구만 해도 현재 중국 전체 면적의 13%나 차지하고 있단다.

달라이 라마 14세
몽고말로 "지식과 지혜의 거대한 바다"라는 뜻을 가진 달라이 라마(Dalai Lama)는 티베트의 종교와 정치를 책임지는 핵심 역할을 했음. 달라이 라마 14세는 네 살의 나이에 티베트 국왕에 즉위한, 현재의 14대 달라이 라마임. 1989년 노벨평화상과 루스벨트 자유상(1994), 세계안보평화상(1994) 등을 받았음.

중국의 성(省)
중국은 모두 23개의 성, 5개 자치구, 4개의 직할시, 2개의 특별행정구가 있음.

1966년, 중국에서 문화대혁명이 일어났을 때 중국인들은 티베트인의 종교 의식을 없애기 위해 불교 사원을 많이 파괴했어. 하지만 시간이 흘러도 티베트의 독립 의지를 완전히 꺾지는 못했지.

결국 1989년 3월, 다시 한 번 대규모 티베트 독립 시위가 일어났어. 중국은 계엄령을 선포한 후 시위대를 무력으로 진압했지. 그 후로도 해마다 3월이면 독립을 외치는 시위가 여기저기서 일어나고 있지만, 그때마다 중국은 무력으로 시위를 제압하고 있단다.

중국이 티베트를 놓지 않는 이유

오늘날 대부분의 국제 여론은 티베트가 중국의 일부라는 사실을 인정하지 않고 있어. 망명 생활을 하고 있는 달라이 라마도 티베트 시위대에 대한 무력 진압을 중단할 것을 중국 정부에 계속 촉구하고 있지. 그래서 티베트의 지도자인 달라이 라마는 노벨 평화상을 받기도 했단다. 하지만 중국은 달라이 라마를 민족의 반역자로 여기고 있지.

그런데 중국은 왜 국제 사회의 비난을 받으면서까지 티베트를 놓지 못하는 걸까? 그 이유는 경제·정치·군사적인 측면에서 찾아볼 수 있어.

먼저 중국은 티베트의 땅과 자원을 필요로 해. 특히 21세기 들어 티베트가 중국의 상수원 공급지라는 점은 더 중요하게 받아들여지고 있지. 티베트가 중국에 있는 많은 강들의 발원지이기 때문이야. 그래서 만약 티베트에 문제가 생긴다면 중국의 많은 지역이 물로 인한 고통을 겪을 수밖에 없지.

한편 중국은 국가의 안전을 위해서라도 티베트를 절대 포기할 수 없단다. 중국은 인도 및 러시아와 전쟁을 치렀어. 그런데 티베트 지역은 중국과 인도, 러시아 등의 강대국들이 교차하는 지역에 자리 잡고 있기 때문에 중국이 티베트 지역을 차지하면 군사적으로 큰 이득을 누릴 수 있는 거야.

티베트의 문제는 중국의 국가 존폐 문제와도 연결되어 있어. 중국은 다민족 국가거든. 만약 중국이 티베트를 독립시켜 준다면 중국 내에 무슬림들이 지배하는 신장웨이우얼 자치구 지역, 내몽고 자치구 지역 등으로도 독립운동이 확산될 수 있는 거지.

중국의 여러 자치구 지역에 사는 소수 민족들은 그들만의 고유한 전통문화를 계승하고 혈연, 종교를 기반으로 한 결속력이 매우 강하기 때문에 늘 중국 정부와 마찰을 겪고 있어. 그래서 지금도 중국 내에 있는 여러 자치구에서 독립을 요구하는 시위가 끊이지 않는 거란다. 그렇기 때문에 중국은 티베트를 잃으면 나라를 현 상태로 유지할 수 없을지도 모른다는 불안감을 갖게 된 거지. 결국 중국은 티베트를 쉽게 포기하지 않을 거야.

강 건너 불구경

"그런데 왜 티베트의 시위는 꼭 3월에 일어나는 거예요?"
아까와는 다르게 조용히 듣고 있던 동철이가 물었다.
"그건 1959년 3월 10일에 처음으로 독립운동을 벌였기 때문이야. 티베트 사람들은 그 날을 기념일로 삼고 있단다."
"티베트도 언젠가는 우리나라처럼 완전히 독립할 수 있을까요?"
이번에는 주영이가 물었다.
"지금 상황으로 봤을 때 티베트의 '완전 독립'은 실현 가능성이 없어 보여. 그래서 달라이 라마 14세도 독립이 아닌 자치, 그러니까 티베트인들이 다스리는 '의미 있는 자치'를 달라고 요구하고 있지. 오늘날 티베트는 행정적으로는 '자치구'로 설정되어 있지만, 한족들이 모든 실권을 장악하고 있거든."

"그럼, 그냥 그렇게 해 주면 되잖아요."

"아마 그렇게 되기도 힘들 거야. 독립을 요구하는 힘이 점점 약해지고 있어서……."

"왜 그렇죠?"

"티베트는 높은 산들이 이어진 고산지대라는 자연적 특징 때문에 중국에서도 접근이 쉽지 않았어. 그런데 중국이 2006년 7월에 중국의 수도인 베이징과 티베트 수도인 라싸를 연결하는 '칭짱철도'를 개통한 거야."

"철도가 개통되면 서로에게 더 좋은 거 아닌가요?"

주영이가 고개를 갸웃거렸다.

"물론 좋은 면도 있지. 하지만 철도를 개통했다는 것은 중국이 인도나 러시아와 군사적 갈등이 발생했을 경우 군대를 신속하게 이동시킬 수 있다는 뜻이기도 해. 그리고 티베트 지역으로 중국의 한족들이 많이 이동할 수 있다는 뜻이기도 하지. 사실 지금도 티베트의 수도 라싸 인구 절반은 한족이란다. 이런 변화를 겪으면서 독립에 대한 의지와 힘을 잃고 있는 거지."

"철도가 개통돼서 더 많은 중국인들이 티베트 지역으로 옮겨가서 살 수 있게 되었다는 뜻이군요?"

동철이가 고개를 끄덕이며 되물었다.

"그렇지. 10억이 넘는 중국인들과 400만 명 정도의 티베트인들을 비교했을 때 중국인들이 아주 일부만 옮겨가더라도 티베트로서는 점점 독립할 수 있는 힘이 약해질 수밖에 없는 거야. 그래서 우리도 티베트에서 벌어지는 일들을 남의 일로만 보지 말고 더욱 관심을 가져야 한단다."

"티베트의 일이 우리나라와 무슨 상관이 있나요?"

주영이가 물었다.

"만약 우리나라가 티베트의 입장이 된다면 어떻게 될까? 우리나라도 한때 중국에 조공을 바친 적이 있고, 내정 간섭을 받는 불평등한 관계였던 적도 있었거든. 그런 이유를 들어 중국이 우리나라를 자기네 영토로 포함시키려고 한다면? 물론 절대 있을 수 없는 얘기지만, 그렇다고 안심할 수는 없는 거야. 정치·군사·경제적으로 강대국인 중국이 어떤 원칙과 가치를 추구하느냐 하는 것은 한반도의 운명과도 직접 연결되는 문제란다. 지금 중국이 추진하고 있는 동북공정에서도 그 사실을 실감할 수 있지."

"중국은 정말 무서운 나라군요. 그런 일이 생기지 않도록 티베트가 빨리 독립을 했으면 좋겠어요."

주영이가 상기된 얼굴로 말했다.

"맞아. 역사적 독자성을 무시한 중국의 티베트 지배는 결코 올바른 일이라고 할 수 없지."

선생님의 말이 끝나자 주영이가 손을 번쩍 들었다.

"선생님, 우리나라 독립을 위해 돌아가신 분들을 위해 다시 묵념해요."

"다른 아이들은 다 했으니까 너희 둘만 하면 되겠구나. 둘 다 묵념 시작!"

선생님의 말에 주영이와 동철이는 고개를 숙이고 진지한 모습으로 묵념을 시작했다.

중국의 화약고 신장웨이우얼 자치구

중국으로부터 독립을 원하는 곳은 티베트 이외에도 많아. 그 중에서 신장웨이우얼 자치구도 대표적인 곳이지.

신장웨이우얼는 중국의 북서부에 있는 자치구야. 한때 신장의 남부 지역이 한나라의 지배를 받았던 적이 있지만 오랫동안 중국의 지배를 받은 적 없이 독립을 유지했었어. 그런데 1759년 청나라의 지배를 받게 된 뒤 1949년 중화인민공화국이 세워지면서 공산당의 통치를 받게 되었고 1955년에는 신장웨이우얼 자치구가 되었지.

신장웨이우얼 자치구는 중국의 성·시·자치구 중에서 가장 커. 그리고 웨이우얼(위구르)이라는 이름에서 알 수 있듯이 주민 대부분이 중국의 소수 민족 중 다섯 번째로 많은 위구르족이야. 위구르족은 아랍인과 같은 외모를 가졌을 뿐만 아니라 대부분이 이슬람교를 믿기 때문에 한족과 완전히 다르다고 할 수 있지.

그런데 중국은 신장웨이우얼 지역에 한족을 집단 이주시키며 위구르족도 한족처럼 살아가게 하려는 정책을 펼쳐왔어. 하지만 소수 민족인 위구르족은 한족에 비해 민족적으로 차별을 받아왔지. 그래서 결국 신장웨이우얼에서는 한족 통치에 반대하는 저항이 시작했어.

    1990년대부터 한족과 위구르족 간의 갈등 사태가 자주 일어나게 되었지. 2009년에는 수도 우루무치에서 유혈 사태가 일어나 위구르족과 한족 등 197명이 죽고 1,600여 명이 다치는 일도 일어났어. 최근에는 베이징 심장부인 톈안먼에서 위구르족 차량 돌진 테러가 일어나기도 했지. 지금도 신장 서남부 지역인 카스 지구를 중심으로 위구르족의 분리·독립 운동이 활발하게 진행되고 있어.

    그런데 이 지역에는 천연가스와 석유 등 천연자원이 풍부해. 그래서 중국은 신장 지역을 포기하지 못하고 있어. 중국은 독립 움직임이 끊이지 않는 신장웨이우얼 자치구에 중국 군대를 더 많이 배치했어. 뿐만 아니라 그 지역에서 대학을 졸업하는 위구르족에게는 중국의 정치적 성향을 인정해야만 졸업할 수 있도록 하는 사상 통제도 하고 있지.

    사실 중국은 자국의 경제 발전을 위해 어떠한 대가를 치르더라도 신장웨이우얼의 독립을 인정하지 않을 거야. 그렇지만 위구르족을 비롯한 중국 내 소수 민족의 인권을 존중하고 표현의 자유를 존중해 주는 것이 밑바탕이 되어야 하지 않을까?

교과연계

한반도의 화약고, NLL

학년	과목	주제
5학년 2학기	사회	3. 대한민국의 발전과 오늘의 우리 (1) 대한민국 정부의 수립 - 6·25 전쟁과 분단의 고통에 대하여 알아보기
5학년 2학기	사회	3. 대한민국의 발전과 오늘의 우리 (3) 대한민국의 발전을 위하여 - 인류 평화와 문화 발전을 위한 노력에 대하여 알아보기
6학년 2학기	사회	3. 정보화, 세계화 그리고 우리 (4) 통일과 인류 공동 번영의 길 - 분단으로 인해 발생하는 문제 사례 이해하기

독도는 우리 땅

학년	과목	주제
5학년 2학기	국어	6. 깊은 생각 바른 판단(듣기·말하기·쓰기) - 적절한 근거를 들어 주장하는 글 쓰기
5학년 2학기	사회	2. 새로운 문물의 수용과 자주독립 (4) 국권 상실과 민족의 수난 - 을사조약과 국권 상실에 대한 내용 알아보기
6학년 1학기	사회	1. 우리 국토의 모습과 생활 (1) 우리 국토의 위치와 영역 - 우리 국토의 영역 이해하기
6학년 2학기	도덕	5. 통일한국을 향하여 - 바람직한 통일의 과정 알기

동북공정을 막아라

학년	과목	주제
5학년 1학기	사회	1. 하나 된 겨레 (4) 삼국 통일과 발해 - 발해의 건국과 발전에 대해 알아보기
5학년 1학기	사회	1. 하나 된 겨레 (5) 통일 신라와 발해 사람들 - 발해 사람들의 생활 모습 알아보기
5학년	도덕	10. 우리는 자랑스러운 한인 - 우리는 한 가족

'댜오위다오'와 '센카쿠'

학년	과목	주제
6학년 2학기	사회	3. 정보화, 세계화 그리고 우리 (2) 세계화와 우리 생활 – 세계화의 긍정적·부정적 측면에 대해 알아보기
6학년 2학기	사회	3. 정보화, 세계화 그리고 우리(4) 통일과 인류 공동 번영의 길 – 지구촌의 여러 분쟁 사례를 살펴보고 갈등과 분쟁의 원인 이해하기

카슈미르의 종교 분쟁

학년	과목	주제
6학년	도덕	7. 다양한 문화 행복한 세상 – 다양한 문화의 이해와 존중
6학년 2학기	사회	2.세계 여러 지역의 자연과 문화(2)육지가 넓고 인구가 많은 북반구 – 아시아의 자연환경과 인문 환경 알아보기

독립을 향한 티베트의 염원

학년	과목	주제
6학년 2학기	사회	2. 세계 여러 지역의 자연과 문화(1) 세계의 자연과 문화 – 세계 각 지역의 위치 알아보기
6학년 2학기	사회	3. 정보화, 세계화 그리고 우리(4) 통일과 인류 공동 번영의 길 – 지구촌의 여러 분쟁 사례를 살펴보고 갈등과 분쟁의 원인 이해하기
6학년	도덕	7. 다양한 문화 행복한 세상 – 모두가 행복한 세상을 위해 해야 할 일 알기